Joachim Lehmann

Ehrenamtliches Vereinsmanagement

Eine praxisorientierte
Anleitung zur Vereinsführung

Praxis Plus Verlag GmbH

Ehrenamtliches Vereinsmanagement

Ehrenamtliches Vereinsmanagement
8. Auflage 2019
ISBN:978-3-945202-36-4
Im Praxis Plus Verlag GmbH
Benndorfstraße 11
07973 Greiz
Tel: 0171 54 22 091
Fax: 0322 2247 9206
E-Mail: bestellung@vereinsbuchladen.de
www.Marktplatz-Verein.de
www.Vereinsbuchladen.de
www.Vereinssofort.de

1 Mach ich´s oder mach ich´s nicht

1.1 Ehrenamtliches Management

Ehrenamtliches Management, geht das überhaupt? Es muss gehen, denn die Ansprüche der Mitglieder, Förderer, Zuschussgeber und die Vertreter der Politik erwarten eine professionelle Vereinsführung. Dass dies ehrenamtlich geschieht, wird zwar lobend erwähnt, reduziert aber diese Ansprüche eben nicht. Das merken Sie spätestens dann, wenn es Probleme, Konflikte oder gar gerichtliche Auseinandersetzungen gibt.

1.2 Anregungen, Lösungen und Hilfestellungen

Wir versuchen, aus der Praxis Anregungen, Lösungen und Hilfestellungen zu geben, wie Sie auch als ehrenamtlicher Vereinsvorstand erfolgreich mit hoher Qualität arbeiten können und dabei Spaß und Freude an dieser verantwortungsvollen Aufgabe nicht auf der Strecke bleiben. Rechtliche und steuerliche Fragen werden nur insoweit mit behandelt, wie sie unerlässlich dazugehören. Wir beschäftigen uns hier mit dem Management des Vereins.

2 Die rechtlichen Grundlagen

Aber ohne Grundkenntnisse im Vereinsrecht geht's leider nicht. Also in gebotener Kürze aber mit dem notwendigen Tiefgang zunächst einige allgemeine Ausführungen zum Vereinsrecht.

2.1 Der Verein

2.1.1 Der Wille zur Einheit

Der Verein ist ein auf eine gewisse Dauer angelegter körperschaftlich organisierter Zusammenschluss einer Anzahl von Personen, die ein gemeinschaftliches Ziel, den in der Satzung festgelegten Vereinszweck, verfolgen. Die Gründer des Vereins müssen den Willen haben, künftig als eine Einheit auftreten zu wollen unter einem

Vereinsnamen und vertreten durch einen Vorstand. Der Wille des Vereins wird durch Beschlussfassung der Mehrheit der Mitgliederversammlung gebildet. Zum Wesen des Vereins gehört auch, dass ein Wechsel in der Mitgliederschaft stattfinden kann.

2.1.2 Das Wichtige in die Satzung

Sie können Ihre Vereinssatzung ändern, müssen jedoch die von Satzung und Gesetz vorgegebenen Bestimmungen beachten.

2.2 Der Verein als juristische Person

Mit Eintragung in das Vereinsregister hat Ihr Verein sein „Leben" als juristische Person begonnen, seine Rechtsfähigkeit erlangt. Er kann als Verein z. B. Grundstücke erwerben oder Mitarbeiter einstellen, aber auch Kredite aufnehmen. Das Vereinsvermögen steht dem Verein und nicht den Mitgliedern zu. Die Mitglieder haften aber auch nicht für die Verbindlichkeiten des Vereins.

Ihr Verein (e. V.) nimmt als gleichberechtigte "juristische Person" am Rechts- oder Geschäftsleben teil, vergleichbar einer GmbH oder einer Aktiengesellschaft. Mit geringen Ausnahmen werden daher an den Vorstand eines Vereins die gleichen Anforderungen gestellt wie an den Vorstand einer AG oder einer GmbH mit vergleichbarem Geschäftsumfang.

3 Wie sieht´s aus im Verein

3.1 Die Satzung

Die Lektüre dieses Buches sollte Sie veranlassen, mit einer Analyse Ihrer Vereinssatzung anzufangen. Wir geben hier Tipps zu einigen häufig kritischen allgemeinen Bestimmungen. Bei tiefer gehenden Recherchen sollten Sie die weiterführende Literatur unseres Verlages hinzuziehen.

3.2 Ausgangslage

Die Satzung ist häufig mehrfach im Laufe der Jahre geändert worden mit der Gefahr, dass die einzelnen Teile nicht mehr zueinanderpassen. Oder die Bestimmungen sind so überholt, dass sie nicht mehr praktikabel sind. Ein Beispiel: Zur Mitgliederversammlung wird durch „Aushang im Vereinskasten eingeladen"! Eine Bestimmung aus der der Zeit, als man noch ein Verein mit einer Sparte und 40 Mitgliedern aus einem Ort war. Jetzt sind es 1.300 Mitglieder in 17 Sparten die bis zu 100 km entfernt wohnen. Und den „Vereinskasten", der mal vor dem Vereinslokal hing, gibt es nicht mehr ebenso wenig wie das Vereinslokal. Darum hier zunächst einige Tipps zur Analyse der Satzung.

3.3 Allgemeine Bestimmungen der Satzung

Bei der Satzungsgestaltung gilt der Grundsatz, die Bestimmungen zwar einfach aber gründlich zu fassen. So sollten auch manchem als selbstverständlich erscheinende Regelungen trotzdem in die Satzung aufgenommen werden.

3.4 Grundsätzliches

3.4.1 Satzung beachten

Sie müssen die von Satzung und Gesetz vorgegebenen Bestimmungen beachten. Der Bundesgerichtshof hat festgelegt hat, dass alle das Vereinsleben bestimmenden Grundentscheidungen in die Satzung aufzunehmen sind und nicht in Vereinsordnungen neben der Satzung geregelt werden sollen. Verbindliche Vereinsordnungen müssen zumindest in der Satzung beschrieben werden.

3.4.2 Schutz der Mitglieder

Diese Regelung dient zum Schutz der Mitglieder, von denen man erwarten kann, dass sie die Satzung kennen, nicht jedoch, dass sie über sämtliche sonstigen Vereinsordnungen informiert sind. Sie fahren gut mit dem Grundsatz: Alles was die Vereinsmitglieder in

irgendeiner Weise verpflichtet, gehört in die Satzung. Ausführungsbestimmungen können Sie jedoch neben der Satzung in Vereinsordnungen oder Geschäftsordnungen regeln.

3.4.3 Analyse

Bei der Analyse einer Satzung sollten folgende Gesetzte beachten
werden: Das Bürgerliche Gesetzbuch, die Abgabenordnung (Steuerrecht) und das Kinder- und Jugendhilfegesetz. Bewährt hat es sich,
mit dem Rechtspfleger des zuständigen Registergerichts sowie dem
zuständigen Mitarbeiter des Finanzamtes einen Änderungsentwurf
vor Verabschiedung durch die Mitgliederversammlung abzustim-
men.

4 Anforderungen des BGB

Nach §§ 21 ff. BGB muss die Vereinssatzung Bestimmungen enthalten über:

- Den Namen.
- Den Sitz.
- Den Zweck.
- Die Eintragung ins Vereinsregister.
- Die Form des Eintritts und Austritts der Mitglieder.
- Den Beitrag (Höhe und festsetzendes Gremium)
- Die Zusammensetzung des Vorstands.
- Die Voraussetzungen zur Einberufung der Mitglieder-
  versammlung.
- Die Form der Einberufung der Mitgliederversammlung
- Die Beurkundung der Versammlungsbeschlüsse.

Es wird gefordert, dass es Regelungen gibt, Vorgaben, wie zu regeln
ist, gibt es nicht. Sie sind in der Gestaltung der Satzung also sehr
frei.

4.1 Der Zweck des Vereins

Der Vereinszweck muss in die Satzung aufgenommen werden. Streben Sie die Gemeinnützigkeit an, sollten Sie die Bestimmung der Abgabenordnung berücksichtigen. In jedem Fall darf der Zweck des Vereins nicht auf eine wirtschaftliche Betätigung ausgerichtet sein, da Sie sonst keinen Idealverein, sondern einen sog. wirtschaftlichen Verein gründen, der der staatlichen Genehmigung bedarf. Natürlich dürfen Sie auch keine gesetzwidrige Zwecke in die Satzung aufnehmen.

Der Zweck des Vereins sollte eindeutig gewählt werden. Ob er aber besonders weit oder enger gefasst wird, ist auch dadurch vorgegebenen, dass der Verein in seinem Rechenschaftsbericht nachweisen muss, dass er den Vereinszweck, und zwar alle Vereinszwecke, auch erfüllt hat. Darum kann eine gewisse Beschränkung mitunter sinnvoll sein.

Zu beachten ist auch, dass der Vereinszweck nach dem Gesetz nur durch ein Votum aller Mitglieder (nicht nur der Anwesenden bei der Mitgliederversammlung) geändert werden kann. In diese sehr einengende Vorschrift können Sie jedoch in der Satzung weiter fassen (z. B. Dreiviertelmehrheit in der Mitgliederversammlung).

Wenn der Verein als gemeinnützig anerkannt werden soll, muss die vom Finanzministerium vorgegebene Mustersatzung, beachtet werden.

Bei Fördervereinen verlangen die Finanzämter einen sehr konkreten Verwendungszweck, also nicht allgemein "Förderung des Brauchtums " sondern konkret "Förderung des Heimatmuseums".

4.2 Name des Vereins

In der Namensfindung sind Sie in grundsätzlich frei, die Bezeichnung muss aber als Name verstanden werden und darf nicht missverständlich sein. Eine willkürliche Buchstaben- oder Ziffernfolge ist nicht möglich. Üblicherweise an wird der Vereinsname aus dem Vereinszweck abgeleitet; zum Beispiel „Sportverein Alt Hausen"

oder „Gesangverein Neuendorf". Es sind jedoch auch Fantasiena-
men möglich.

Wie empfehlen, einen einprägsamen Namen zu wählen. Checken
Sie vorher auch ab, ob eine Internetadresse für diesen Namen frei
ist. Wir raten davon ab, die gesamte Funktion des Vereins in den
Namen zu zwängen. Also nicht: "Förderverein zur Erhaltung der
historischen Turnhalle der Friedrich-Ebert-Schule e. V.", sondern:
"Historische Turnhalle Greiz e. V.".

Soweit Sie beim Namen des Vereins die Bezeichnung einer Gebietskörperschaft verwenden, fragen Sie dort an, ob man dort Probleme
damit hat. Dabei können Sie gleich abklären, ob Sie in das Wappen
der Gebietskörperschaft in Ihr Vereinslogo aufnehmen können.

Der Name darf nicht so gewählt werden, dass es zu Verwechslungen
mit bestehenden Vereinen kommen kann oder dass eine Bezeichnung gewählt wird, die der wahren Betätigung des Vereins zuwider-
läuft. So können Sie die Bezeichnung Stiftung nur wählen, wenn der
Verein auch ein stiftungsähnliches Vermögen aufweist. Nur unter
bestimmten Voraussetzungen möglich sind auch die Bezeichnungen
Kammer, Akademie oder Institut.

4.3 Sitz des Vereins

Der Sitz des Vereins ist dort, wo die Verwaltung geführt wird und
der Schwerpunkt der Vereinstätigkeit ist. Insbesondere wenn Sie
überregional tätig sind, können Sie jedoch auch einen anderen Sitz
wählen, der Verein muss dort jedoch postalisch erreichbar sein. Der
Sitz muss in der Satzung bestimmt werden.

Möchten Sie einen Sitz wählen, der zum Beispiel zentral gelegen ist,
an dem jedoch leider kein Vorstandsmitglied wohnt, können Sie
einen Dritten bitten, seine postalische Adresse zur Verfügung zu
stellen.

4.4 Satzungsänderung

An eine Satzungsänderung sind nach dem Gesetz hohe Anforderungen gestellt. Für eine einfache Satzungsänderung brauchen Sie eine sogenannte Dreiviertelmehrheit, für die Änderung des Vereinszwecks sogar die Zustimmung aller Mitglieder. Damit ist die Änderung des Vereinszwecks im Nachhinein schon bei mittelgroßen Vereinen so gut wie unmöglich.

Wir empfehlen daher, sowohl für allgemeine Satzungsänderungen als auch für die Änderung des Vereinszwecks die erforderliche Mehrheit einheitlich festzuschreiben und dabei nicht über eine Dreiviertelmehrheit der anwesenden stimmberechtigten Mitglieder hinauszugehen.

4.5 Geschäftsjahr

Als Geschäftsjahr wird üblicherweise das Kalenderjahr gewählt. Es kann jedoch sinnvoll sein, das Geschäftsjahr zu einem anderen Termin beginnen zu lassen. Liegt z. B. der Saisonhöhepunkt in den Wintermonaten (Hallensportarten, Wintersport, Theateraufführungen) kann der Beginn des Geschäftsjahres begründet auch auf den 1.4. oder 1. 7. eines Jahres gelegt werden. Auch wenn das Geschäftsjahr das Kalenderjahr sein soll, ist dies in der Satzung festzuhalten.

4.6 Vereins- oder Geschäftsordnungen

Eine Satzung sollte nur Bestimmungen regeln, die dauerhaft Bestand haben. Sie regelt die Grundordnung des Vereins und sein Verhältnis zu den Mitgliedern wie eine Verfassung mit bindender Wirkung für alle.

Eine Vereins- oder Geschäftsordnung trifft Regelungen für das tägliche Vereinsleben. Jedes Vereinsorgan (z. B. der Vorstand, die Mitgliederversammlung oder ein Ausschuss) kann sich eine Geschäftsordnung geben, wenn die Satzung dies vorsieht. Darum sollte in der Satzung immer festgelegt werden, welche Ordnungen bestehen und wer diese beschließen, ändern und aufheben kann.

In der Vereinsordnung oder der Geschäftsordnung werden u. a. die verschiedenen Arbeitsbereiche des Vorstandes beschrieben und den verschiedenen Vorstandsmitgliedern zugeteilt (z. B. Kassenführung, Schriftführung u. Ä.).

Als Beispiele lassen sich anführen:

- Sitzungsordnung. Beschreibt den Ablauf der Mitgliederversammlung und/oder Vorstandssitzung,
- Wahlordnung. Legt das Wahlverfahren fest,
- Geschäftsordnung. Legt die Arbeitsbereiche der Vorstands- und der anderen ehrenamtlichen Mitglieder für die verschiedenen Sparten und Geschäftsbereiche fest,
- Finanzordnung. Regelt die Kassenführung und Wirtschaftsplanung,
- Wettkampfordnung. Für die Durchführung von Wettkämpfen,
- Ehrungsordnung. Sie legt fest, wer wann warum und durch wen geehrt wird,
- Beitragsordnung. Bestimmt die verschiedenen Beitragsstufen und
- Hausordnung zur Regelung des Verhaltens in vereinseigenen Anlagen und Gebäuden.

5   Der Vereinsvorstand

5.1   Vorstand nach § 26 BGB

Der Vorstand nach § 26 BGB vertritt den Verein nach außen und innen. Er führt die Beschlüsse des Vorstands und der Mitgliederversammlung aus. In dieser Funktion hat er nur geringe Gestaltungsmöglichkeiten. Möglich ist dabei eine Einzelvollmacht oder eine Gesamtvollmacht. Bei der Einzelvollmacht ist jedes Vorstandsmitglied allein zur Vertretung des Vereins berechtigt.

Die Gesamtvollmacht wird in der Regel so gestaltet, dass immer 2 Vorstandsmitglieder gemeinsam zur Vertretung berechtigt sind.

Anzutreffen ist auch die Modifizierung, dass darunter immer der 1. oder 2. Vorsitzende sein müssen. Da der Vorstand nach § 26 BGB ins Vereinsregister eingetragen wird, können Geschäftspartner sich nur auf einen Vertrag berufen, wenn dieser von den beim Registergericht veröffentlichten Personen unterschrieben wurde.

5.2 Der Vorstand nach Satzung

In der Satzung kann der Vorstand aus mehr Personen bestehen als der natürlich auch in der Satzung festgelegte Vorstand nach § 26 BGB. Gerade bei großen Vereinen besteht der Vorstand mitunter aus mehr als 10 Personen. Die Bezeichnung ist unterschiedlich, man spricht häufig vom erweiterten Vorstand (siehe Anmerkungen unten) oder von Beisitzern.

5.3 Anzahl der Vorstandsmitglieder

In der Satzung ist die Anzahl der Vorstandsmitglieder festzulegen. Sie können dabei die Größe des Gremiums exakt bestimmen oder eine Mindest- und Höchstzahl festlegen. Zum Beispiel: Der Vorstand besteht aus mindestens vier und höchstens sechs Mitgliedern. Bei der Vereinsgründung müssen allerdings alle Vorstandspositionen, in diesem Falle sechs, besetzt sein. Treten später Vorstandsmitglieder zurück, müssen erst Nachwahlen stattfinden, wenn die Mindestzahl von vier Mitgliedern unterschritten wird.

Für den Fall, dass die Mindestzahl der Vorstandsmitglieder unterschritten ist, sollten Sie Regelungen für eine Nachwahl in der Satzung festlegen. Nach dem Gesetz müssten Sie bei Unterschreitung der Mindestzahl die Mitgliederversammlung zu einer außerordentlichen Sitzung zwecks Nachwahl des Vorstandes einberufen. Dies kann einen erheblichen Aufwand bedeuten.

Darum empfehlen wir, eine Ergänzungswahl durch den Vorstand selbst zuzulassen. Die mögliche Formulierung in der Satzung wäre: Wird die Mindestzahl der Vorstandsmitglieder unterschritten, ergänzt sich der Vorstand selbst bis zur nächsten Mitgliederversammlung.

Hier beispielhaft mögliche Formulierungen:

Der Vorstand besteht aus
- dem 1. Vorsitzenden,
- dem 2. Vorsitzenden,
- dem Schatzmeister,
- dem Schriftführer.

In diesem Fall müssen mindestens vier Vorstände vorhanden sein, damit der Vorstand rechtswirksam Beschlüsse fassen kann. Die Aufgabenverteilung kann innerhalb des Vorstands erfolgen, wenn auch z. B. die Buchführung dem Schatzmeister vorbehalten ist.

Der Vorstand besteht aus
- dem 1. Vorsitzenden,
- dem 2. Vorsitzenden,
- dem Schatzmeister,
- dem Schriftführer

mit jeweils kurzer Aufgabenbeschreibung. Alle Vorstandsämter müssen besetzt sein, wenn rechtswirksam Beschlüsse gefasst werden sollen. Es gilt die sogenannte Ressortverantwortlichkeit (s. o.)

Der Vorstand besteht aus mindestens vier, höchstens sechs Personen.
- Der Vorstand regelt die Zuständigkeiten in einer Geschäftsordnung, die der Mitgliederversammlung zur Kenntnis zu geben ist.
- Es muss nur die Mindestzahl der Vorstände vorhanden sein.

Der Vorstand besteht aus sechs Personen. Sind nicht alle Positionen besetzt, übernehmen die verbliebenen Vorstandsmitglieder bis zur nächsten Mitgliederversammlung die Aufgaben der ausgeschiedenen Mitglieder kommissarisch.
- Der Vorstand kann bis auf eine Person reduziert werden, wenn einer allein zur Vertretung des Vereins berechtigt ist.

5.4 Wer kann es werden

Sie sollten festlegen, welche Voraussetzungen erforderlich sind, um ein Vorstandsamt ausüben. Ohne Bestimmung in der Satzung können auch minderjährige Personen oder Nichtmitglieder in den Vorstand Ihres Vereins gewählt werden. Auch ausländische Staatsbürger können nach dem Gesetz Vereinsvorstand werden, auch wenn sie ihren Wohnsitz im Ausland haben.

Wenn Sie den Kreis der möglichen Vorstandsmitglieder eingrenzen wollen, legen Sie in der Satzung zum Beispiel fest, dass zur Ausübung eines Vorstandsamtes ein Kandidat mindestens 21 Jahre alt sein muss. Natürlich können Sie das Mindestalter auch auf 16 Jahre festlegen. Sollen nur Mitglieder in den Vorstand Ihres Vereins gewählt werden können, müssen Sie dies ebenfalls in der Satzung vermerken.

Möglich ist auch, per Satzung die Wählbarkeit zum Vereinsvorstand an persönliche Voraussetzungen zu binden, wie Alter, Zugehörigkeit zu einer Berufsgruppe, Dauer der Vereinszugehörigkeit.

Der Vorstand eines Fördervereins kann nicht identisch sein mit dem Vorstand eines zu fördernden Vereins, sonst gibt es u. U. Probleme mit dem Finanzamt, das dann beide Vereine als Einheit betrachtet und die steuerlichen Vorteile eines gemeinnützigen Vereins hinsichtlich der steuerlichen Freibeträge nur einmal zuerkennt.

5.5 Wahlverfahren

Zunächst sollte festgelegt werden, wer die Wahlen leitet. Dies sollte immer dann nicht der erste Vorsitzende sein, wenn er selbst zur Wahl steht. Sie können bestimmen, dass die Versammlung sich einen Wahlleiter wählt oder es wird dieses Amt von vornherein dem jeweils ältesten Teilnehmer übertragen. Dies ist dann jedoch unpraktikabel, wenn Ermittlung dieser Person länger dauert als das gesamte Wahlverfahren.

5.6 Form der Abstimmung

In Ihrer Satzung sollten auch klare Regelungen enthalten sein, in welcher Form abgestimmt werden soll. Möglich ist die offene Abstimmung durch Handaufheben oder die geheime Wahl mit Stimmzetteln. Festzulegen ist auch, ob Sie die sog. Blockwahl ermöglichen wollen. Dies bedeutet, dass der Vorstand als Einheit (wieder-) gewählt wird.

5.7 Die Bestellung

Ein neuer Vorstand ist dann bestellt, wenn er gewählt wurde und er die Wahl angenommen hat. Die Annahme kann ersetzt werden durch die vorher schriftlich erklärte Bereitschaft, eine eventuelle Wahl anzunehmen. Dieses „formalistische" Vorgehen soll verhindern, dass der Verein nach Wahl aber mit fehlender Annahme der Wahl ohne Vorstand dasteht. Vermerken Sie auch diese Regelung in der Satzung.

5.8 Die Amtsdauer des Vorstands

Die Amtsdauer des Vorstands wird in der Satzung festgeschrieben. Ist sie abgelaufen, dann ist das Amt des Vorstands auf jeden Fall beendet, auch wenn die Mitgliederversammlung noch keinen neuen Vorstand gewählt hat. Deshalb ist zu empfehlen, rechtzeitig vor Ablauf der Amtszeit Neuwahlen abzuhalten.

Mit der Wahl und Annahme des neuen Vorstands endet die Amtsperiode des bisherigen Vorstands, es sei denn, in der Satzung wird eine andere Regelung festgelegt. Deutlicher wird dies mit der Satzungsformulierung „Mit der turnusmäßigen Neuwahl des Vorstands endet die Amtszeit des bisherigen Vorstands".

Mit der Formulierung "Der Vorstand bleibt bis zur satzungsmäßigen Bestellung eines neuen im Amt", kann verhindert werden, dass der Verein handlungsunfähig wird, auch wenn man mit der Mitgliederversammlung über den festgesetzten Termin hinausgeht.

5.9 Ressortverteilung - Direkte Verantwortung

Immer dann, wenn die Aufgaben des Vereins komplexer werden, wenn steuerrechtliche oder personalrechtlich Fragen eine Rolle spielen oder größere Vermögen z. B. Clubheim mit Gastronomie, Tennishalle, zu verwalten sind, bietet sich schon aus Gründen der Effizienz der Vorstandsarbeit eine echte Ressortaufteilung an.

Rechtlich wird eine solche Ressortaufteilung nur anerkannt, wenn folgende Voraussetzungen erfüllt sind:

- Die Ressortaufteilung wird in der Satzung festgelegt oder die Satzung ermächtigt den Vorstand, eine Ressortaufteilung vorzunehmen.
- Es erfolgt eine genaue Aufgabenverteilung, die eine klare Abgrenzung der einzelnen Ressorts ermöglicht.
- Der Ressortleiter erhält ausreichende Kompetenzen, um die üblichen Entscheidungen in seinem Ressort allein treffen zu können, ohne dass ein zusätzlicher Vorstandsbeschluss erforderlich ist.
- Der Ressortleiter hat die persönliche und fachliche Eignung für sein Ressort. Die persönliche Eignung erklärt sich von selbst, die fachliche Eignung bedeutet, dass der Ressortleiter die notwendigen fachlichen Kenntnisse für sein Ressort haben muss oder in der Lage sein muss, diese sich anzueignen.

Das Vorstandsmitglied ist damit direkt der Mitgliederversammlung verantwortlich. Die Gesamtverantwortung des Vorstands beschränkt sich auf den Fall, dass ein Vorstandsmitglied erkennbar sein Amt nicht verantwortungsvoll ausfüllt oder der Aufgabe nicht gewachsen ist. Dann ist der Gesamtvorstand verpflichtet, etwa durch Weitergabe seiner Bedenken an die Mitgliederversammlung, Stellung zu beziehen.

5.10 Geschäftsführung des Vorstands

Alle Handlungen als Vereinsvorstand gehören zur Geschäftsführung. Die Geschäftsführung muss sich an den Gesetzen und der Satzung orientieren. Dies wird unter anderem durch den Rechenschaftsbericht in der Mitgliederversammlung belegt. Es wird angeregt, die Verpflichtung zur Abgabe eines Rechenschaftsberichts in die Satzung aufzunehmen.

6 Beschlüsse des Vorstandes

Beschlüsse des Vorstandes sind in einer Versammlung seiner Mitglieder zu fassen. Es kann auch um Umlaufverfahren beschlossen werden. Im Umlaufverfahren hieße schriftliche Zustimmung, Zustimmung per Fax oder auch per E-Mail. Das Umlaufverfahren kann jedoch nur angewandt werden, wenn dies in der Satzung ausdrücklich gestattet ist oder wenn, in Ausnahmefällen, alle Vorstandsmitglieder diesem Verfahren für diesen Fall zustimmen.

Wie empfehlen, das Umlaufverfahren in schriftlicher Form oder per Fax in der Satzung zu ermöglichen, allerdings nur für dringende Fälle, in denen nachgewiesener Maßen eine Versammlung aus zeitlichen und/oder sachlichen Gründen nicht möglich ist.

6.1 Beschlussfähigkeit des Vorstandes

Wenn Sie in der Satzung keine Regelung treffen, ist der Vorstand beschlussfähig, auch wenn sich nur ein Vorstandsmitglied zur Sitzung eingefunden hat. Dies ist sicherlich nicht gewollt. Wir empfehlen eine Regelung, die sowohl solche geschilderten extremen Situationen vermeidet, aber auch so praktikabel ist, dass wegen zu hoher Anforderungen nicht Sitzungen wiederholt werden müssen.

Möglich wäre zum Beispiel für einen Vorstand von sechs Mitgliedern diese Formulierung: Der Vorstand ist beschlussfähig, wenn mindestens drei Mitglieder anwesend sind. Je größer in das Gremium ist, desto niedriger sollten Sie die prozentuale Quote, die für eine Beschlussfähigkeit erforderlich ist, einsetzen.

6.2 Formale Erfordernisse

Zu einer Vorstandssitzung muss in der von Ihnen in der Satzung vorgeschriebenen Form eingeladen werden. Gerade dann, wenn das Gremium außerhalb der Sitzungen wenig Kontakt hat, zum Beispiel durch räumliche Entfernungen, sollte die Schriftform bzw. die elektronische Einladung per E-Mail gewählt werden. Es kann auch genügen, wenn zu Beginn des Jahres die Termine festgelegt und allen Mitgliedern schriftlich mitgeteilt werden. Dann müssen nur noch die Veränderungen erneut schriftlich ergänzt werden.

In der Einladung müssen Zeit und Ort exakt genannt werden. Soll über Tagesordnungspunkte- ein Beschluss gefasst werden, müssen diese in der Einladung aufgeführt sein. Dabei muss der Tagesordnungspunkte so genau bezeichnet werden, dass der Eingeladene sich ausreichend vorbereiten kann.

6.3 Zwei Aufgabenbereiche

Die Aufgaben des Vereinsvorstands sind die gesetzliche Vertretung und die Geschäftsführung des Vereins. Die Geschäftsführungsaufgaben betreffen den internen Bereich des Vereins, die Vertretungsmacht wirkt nach außen. In beiden Bereichen gibt es Pflichtaufgaben, die sich aus Gesetz und Rechtsprechung, der Satzung, den steuerlich Vorschriften sowie der allgemeinen Verkehrsauffassung ergeben.

Zu den für ein funktionierendes Vereinsleben nicht weniger Wichtigen gehören die freiwillig übernommenen Aufgaben, wie die Durchführung einer gelungenen Veranstaltung, ein ausreichendes Spendenaufkommen aber auch die angemessenen Repräsentation des Vereins.

6.4 Anforderungen an den Vereinsvorstand

Zunächst ist festzustellen, dass sich ein Ehrenamt grundsätzlich von einer bezahlten Tätigkeit nur durch die Entlohnung, Ehre statt Geld, nicht jedoch durch die Ansprüche an den „Amtsinhaber", unterscheidet. So sind die Anforderungen an den Vorstand eines gemeinnützigen Vereins identisch mit denen an den Geschäftsführer einer GmbH.

Beide haben die ihnen anvertraute Körperschaft mit der „Sorgfalt eines ordentlichen Geschäftsmanns in verantwortlich leitender Position bei selbstständiger Wahrnehmung fremder Vermögensinteressen" zu führen. Die Anforderungen werden dabei nach Art und Umfang des Geschäfts (kleiner Verein mit geringen finanziellen Bewegungen bis zu großem Verein mit Umsätzen in Millionenhöhe) gestaffelt, nicht jedoch nach persönlichen Eigenschaften wie Alter, Unerfahrenheit oder Ausbildung.

Wenn Sie für den Verein als Vorstandsmitglied tätig werden, geschieht dies im Rahmen eines Auftragsvertrages oder eines auf Dienstleistung abgestellten unentgeltlichen Geschäftsbesorgungsvertrages.

7 Mögliche persönliche Haftung

Dass das Vorstandsamt hohe Anforderungen an Ihr Können, Wissen und Ihre Einsatzbereitschaft stellt, zeigen allein die später aufgeführten Möglichkeiten persönlicher Haftung. Wobei es sich um gesetzliche Regelungen allgemeingültiger Art handelt.

7.1.1 Haftung gegenüber Ihrem Verein

Als gesetzlicher Vertreter handeln Sie als Vereinsvorstand für den Verein. Nach § 31 BGB "ist der Verein für den Schaden verantwortlich, den der Vorstand, ein Mitglied des Vorstands oder ein anderer verfassungsmäßig berufener Vertreter durch eine in Ausführung der ihm zustehende Verrichtung begangene, zum Schadensersatz verpflichtende Handlung einem Dritten zufügt."

Bei einem auf grober fahrlässiger oder vorsätzlicher Pflichtverletzung beruhendem Verschulden des Vorstandsmitgliedes oder des gesamten Vorstands könnte der Verein diese auf Schadensersatz, Unterlassung pflichtwidriger Amtsführung, aber auch auf die Erfüllung seiner Vorstandspflichten verklagen.

Für leichte Fahrlässigkeit ist die Haftung des Vorstands gegenüber dem Verein jedoch ausgeschlossen.

Wenn Sie Ihre Vertretungsmacht überschreiten, zum Beispiel einen Vertrag allein abschließen, für den lt. Satzung die Willenserklärung von zwei Vorstandsmitgliedern erforderlich gewesen wäre, kann eine Eigenhaftung für den Vorstand persönlich eintreten.

7.1.2 Haftung gegenüber Dritten

Der Vorstand haftet auch im Falle eines verspätet gestellten Konkursantrages den Gläubigern des Vereins persönlich.

Noch schlimmer kommt es bei der Nichtabführung von Sozialversicherungsbeiträgen. Dies ist strafbar (betrifft den Vorstand persönlich) und außerdem haftet der Vorstand persönlich für einen eventuellen Schaden!

Der Verein muss bei einer Haftung durch leichte Fahrlässigkeit seinen Vorstand von dieser Haftung freistellen.

Auch im Steuerrecht haftet nach § 69 AO der Vorstand persönlich, soweit aufgrund vorsätzlicher oder grob fahrlässiger Pflichtverletzung Steuern nicht gezahlt werden. Das gilt im besonderen Maße für die Lohn- und die Umsatzsteuer.

7.2 Keine voreiligen Schlüsse

Also: Buch zuklappen und zurücktreten? Keineswegs - letztlich sind diese Haftungsregelungen im Geschäftsleben und auch in Ihrem privaten Bereich gültig, zum Beispiel wenn Sie Ihre Steuererklärung nicht abgeben, oder wenn Sie als Unternehmer keine Sozialversicherungsabgaben abführen.

Wichtig für Sie: Geben Sie dem Drängen der wohl in jedem Verein vorhanden Besserwisser nicht nach, die Ihnen eine weniger pflichtbewusste Vereinsführung einreden wollen. Wenn es einmal zu einer kritischen Situation in den obigen Fällen kommen sollte, werden Sie diese Personen am wenigsten an Ihrer Seite finden.

7.3 Verpflichtungen des Vorstands

Die Pflichtaufgaben- sind der eher undankbare Teil Ihrer Vorstandsarbeit. Oder haben Sie schon einmal in einer Laudatio gehört: "Er hat immer pünktlich die Änderungen der Satzung dem Registergericht gemeldet" oder "Er hat alle Beschlüsse der Mitgliederversammlung erfolgreich auf Ihre Rechtswirksamkeit geprüft"? Es gibt schon spektakulärere Aufgaben, etwa die Organisation und Durchführung einer Deutschen Meisterschaft oder eines Vereinsjubiläums.

8   Die vereinsrechtlichen Verpflichtungen

Aufgabe	Lösung
Vereinszweck verwirklichen.	- Bereits bei der Jahresplanung die Mittel entsprechend steuern. - Nachweis durch Buchführung. - Pflichtpunkt im Rechenschaftsbericht.
Die Mitgliederversammlung termin-, frist- und formgerecht einberufen.	- Fester Jahrestermin (1. Freitag im März) - Ladung erstmalig vorsorglich mit evtl. vorläufiger Tagesordnung deutlich vor Termin.
Absolute Auskunftspflicht gegenüber der Mitgliederversammlung.	- Ausführlicher und aussagefähiger Bericht in der Mitgliederversammlung. Lieber Wissenslücke zugeben und auf späteren Termin verweisen, als Halbwahrheiten verkünden.
Beschlüsse der Mitgliederversammlung auf ihre Wirksamkeit prüfen.	- Einreichung von Beschlussanträgen 3 Tage vor Sitzung vereinbaren, um Zeit zur Prüfung zu haben. - Satzung und BGB griffbereit.
Die notwendigen Anmeldungen beim Registergericht abgeben.	- Als Termin 14 Tage nach der Mitgliederversammlung notieren.
Bei Überschuldung oder Zahlungsunfähigkeit Vergleichs- oder Insolvenzverfahren beantragen.	- Haushaltsplan und Liquiditätsplanung. Bericht des Schatzmeisters in jeder Vorstandssitzung.

Vorstandssitzungen termin- und frist- und formgerecht einberufen.	- Feste Termine für Vorstandssitzungen (1. Dienstag im Monat); - auf jeden Fall langfristige Planung.
Gegenseitige Information der Vorstandsmitglieder in der Vorstandssitzung.	- Fester Tagesordnungspunkt: Bericht des ... oder Bericht über... - Zeitlimit vorgeben.
Vertragliche Verpflichtungen des Vereins erfüllen.	- Liste vertraglicher Verpflichtungen des Vereins anlegen und überwachen.
Ansprüche des Vereins durchsetzen, insbesondere auch Mitgliedsbeiträge.	- Rückständige Beiträge in der Vorstandssitzung besprechen. - Bei Verzicht satzungsgemäßen Beschluss herbeiführen. I. d. R. Zuständigkeit der Mitgliederversammlung.
Nur Vereinsinteressen, keine persönlichen oder die Interessen Dritter verfolgen.	- Bei Befangenheit auf Teilnahme an Beratung und Beschlussfassung verzichten. - Zu Beginn jeder Legislaturperiode Hinweis in Vorstandssitzung.
Verschwiegenheitspflicht gegenüber Dritten in Vereinsangelegenheiten.	- Bei kritischen Beschlüssen Hinweis in der Vorstandssitzung (insbes. bei personellen Angelegenheiten wie Gehältern aber auch Beitragsrückständen).
Keine Mandatsniederlegung zur Unzeit.	- Innerhalb der Wahlperiode sollte eine Mandatsniederlegung nur aus wichtigem Grund oder so erfolgen, dass die Vorstandsarbeit nicht beeinträchtigt wird.

8.1.1 Die Pflichten aus der Vereinsführung

Aufgabe	Lösung
Die Beschlüsse der Mitgliederversammlung und des Vorstands umsetzen.	- Restantenliste über noch nicht erledigte Beschlüsse führen. - Bericht mit Begründung in Vorstandssitzung oder Mitgliederversammlung über noch nicht erledigte Beschlüsse.
Mitgliederverwaltung.	- Das Mitgliederverzeichnis mit An- und Abmeldungen ordnungsgemäß führen, ab 50 Mitglieder EDV gestützt. - Regelmäßiger Bericht in Vorstandssitzung über Mitgliederentwicklung, persönliche Ehrentage, Jubiläen.
Auf ordnungsgemäße Beitragszahlung achten.	- Keine Bar- oder Rechnungszahler, ausschließlich Bankeinzug verwenden.
Für die Finanzen eine Buchführung anwenden, die den Aufgaben Ihres Vereins entspricht.	- Schatzmeister mit entsprechenden Kenntnissen wählen oder ihm die Möglichkeit zur Weiterbildung geben.
Einen aussagefähigen Jahresabschluss zu erstellen.	- Von Fall zu Fall einen Steuerberater konsultieren. - Den Jahresabschluss so gestalten und erläutern, dass er auch von nicht fachkundigen Mitgliedern in seinen Grundzügen verstanden wird.

Sicherstellen, dass satzungs-, gesetzliche- und steuerrechtliche Bestimmungen einge- halten werden.	- Von Fall zu Fall in Seminaren oder durch Lektüre Kenntnisse auffrischen. - Mög- lichst viel mit Checklisten, Formularen und Mustern arbeiten.
Die Gemeinnützigkeit sichern. Das Steuer- recht verlangt aus- drücklich, dass dieses Privileg durch eine entsprechende Ge- schäftsführung belegt wird.	- Beachten Sie bei Ihrer Jahresplanung die Grundsätze der Gemeinnützigkeit. Der Schatzmeister sollte regelmäßig berichten und bestätigen, dass die Mittel des Ver- eins fast ausschließlich für den Vereins- zweck verwendet werden, der ideelle Bereich nicht den wirtschaftlichen Ge- schäftsbetrieb subventioniert. - Evtl. Rück- lagen die steuerlichen Vorschriften ent- sprechen. - Zuwendungen an Mitglieder (z. B. ant. Kosten Weihnachtsfeier) 40 € pro Person und Jahr nicht überschreiten. - Bei persön- lichen Ehrentagen keine Geschenke über 40 € ausgegeben werden.
DSGVO	Die Bestimmungen der Datenschutz Grundverordnung umzusetzen.

Körperschaftsteuer, Gewerbesteuer, Umsatzsteuer.	- Freigrenze Körperschaftsteuer und Gewerbesteuer 35.000 € für den wirtschaftlichen Geschäftsbetrieb. Freigrenze Umsatzsteuer 17.500 € Vorjahr oder 50.000 € lfds. Jahr. - Achten Sie darauf, dass Ihre Buchführung diese Zahlen ermittelt, und protokollieren Sie die Ergebnisse mindestens zum Jahresende in den Vorstandsprotokollen.
Lohnsteuer.	- Nur Aufwandsersatz für Reisekosten, Porto, Telefon oder Übungsleiterpauschale, Ehrenamtspauschale für alle ehrenamtlich Tätigen steuerfrei. -Teilen Sie allen für den Verein gegen Entgelt tätigen Personen am Jahresende die Höhe der vom Verein gezahlten Beträge mit und bitte Sie die Empfänger, soweit erforderlich für eine Versteuerung im Rahmen Ihrer Steuererklärung zu sorgen.

8.1.2

8.1.3 Die Wahrung des Vereinsvermögens

Finanzielle Belastungen des Vereins müssen seiner Finanzkraft entsprechen.	Bei Investitionen Finanzierungsplan aufstellen. Bei notwendiger Aufnahme von Krediten Zuständigkeiten beachten. Zins und Tilgung müssen durch gesicherte freie Einnahmen gedeckt sein.
	Bei größeren Veranstaltungen Finanzierungsplan aufstellen. Risiken der Finanzierung (nicht gesicherte Spenden, Eintrittsgelder) aufzeigen und ausdrücklich in Beschlussvorlage erwähnen.
	Ebenso bei Etataufstellungen für Spielserien etc.
Die Vermögenswerte des Vereins erhalten.	Ein Inventarverzeichnis mit den Vermögenswerten des Vereins führen. Zum Jahresende Inventur durchführen. - Die Vermögenswerte angemessen versichern.

9 Vorstandsmitglieder gewinnen

9.1.1 Gemeinsam sind wir stark

Eine der wichtigsten Aufgabe des 1. Vorsitzenden ist, Vorstandskollegen, Betreuer, Übungsleiter und weitere ehrenamtliche Helfer für die Vereinsarbeit zu gewinnen und zu motivieren. Denn wer in der Vereinsführung alles allein machen will, wird in Arbeit ersticken und bald die Lust an seinem Ehrenamt verlieren. Wie überzeugen Sie Mitglieder, im Vorstand Ihres Vereins mitzuarbeiten? Von der Lösung dieser Frage hängt die Zukunft Ihres Vereins ganz entscheidend ab.

9.1.2 Ich habe keine Zeit

Schon oft haben Sie versucht, jemanden zu überzeugen oder mindestens zu überreden, im Vorstand oder sonst ehrenamtlich mitzuarbeiten: mit mäßigem Erfolg? Zugegeben, es ist schwierig; aber es ist möglich.

Zunächst einmal die drei häufigsten Antworten auf die Frage und Bitte zur Mitarbeit im Vereinsvorstand:

1. Ich habe keine Zeit!

2. Ich habe wirklich keine Zeit!!

3. Ich habe überhaupt keine Zeit!!!

Dies kann man zwar mit dem lockeren Hinweis abtun: Zeit hat man nicht, Zeit nimmt man sich! - Aber damit werden Sie nur bedingt Ihr Ziel erreichen.

9.1.3 Ich möchte etwas bewegen

Also zunächst einmal analysieren, warum Sie und Ihre Kollegen - hoffentlich – so begeistert in der Vorstandsarbeit tätig sind. Leider sind mir Umfragen speziell für Vereinsvorstände nicht bekannt. Darum nehmen wir Anleihen bei leitenden Angestellten, die zum

Grund ihres Wechsels in ein anderes Unternehmen befragt wurden. Die vier am häufigsten angegebenen Gründe ohne Rangfolge:

1. Ich suche eine neue Herausforderung.

2. Ich möchte etwas bewegen, etwas leisten.

3. Ein gutes Betriebsklima ist ausgesprochen wichtig.

4. Ich möchte mehr Geld verdienen.

Also, Geld verdienen kann man als ehrenamtlicher Vorstand im Verein nun wirklich nicht. Aber die anderen Wünsche können wir durchaus erfüllen: Eine Herausforderung ist die Vorstandsarbeit allemal, und auch im ehrenamtlichen Bereich brauchen wir Menschen, die nicht nur das Gute bewahren, sondern dynamisch neue Wege beschreiten. Ein gutes Betriebsklima heißt, dass im Vorstand fair und offen miteinander umgegangen wird und dass die Vorstandskollegen zueinander passen.

9.1.4 Wir brauchen Sie

Sicher haben Sie bemerkt, dass der Wunsch nach "mehr Zeit" in der Rangfolge der ersten Vier nicht vorkam. Wenn die Vereinsarbeit Freude macht, ist man auch bereit, Zeit zu investieren. Stellen Sie also heraus, wie sehr der Verein darauf angewiesen ist, fachkundige und einsatzwillige Mitglieder in seinem Vorstand zu haben:

Wir brauchen Sie für die wichtigen Aufgaben, die der Verein zu bewältigen hat, z. B. Neubau eines Stadions, Aufbau einer Musikgruppe etc.

Wir brauchen Sie, weil Sie die Dinge voranbringen können, z. B. Verbesserung unseres Verhältnisses zu den politischen Gremien, besseres Management im Verein.

Und schließlich: Bei uns im Vorstand arbeiten Sie mit netten Kollegen zusammen, die Sie vielleicht schon immer näher und privat kennenlernen wollten.

9.2 Keiner will Vorstand werden

Ein trotz der obigen Hinweise häufig in Vereinen zu beobachtendes Problem ist es, einzelne Vorstandspositionen oder sogar den gesamten Vorstand neu zu besetzen. Als letzte Lösung, ohne Vorstand wäre der Verein aufzulösen, übernimmt dann jemand frustriert und lustlos ausschließlich aus einem gewissen Verantwortungsbewusstsein heraus die Funktion. Dies ist sowohl für den Amtsinhaber als auch für den Verein in der Regel unbefriedigend.

Wir versuchen, Ihnen einige Lösungsmöglichkeiten aufzuzeigen. Diese haben sich zum Teil in der Praxis bewährt oder entsprechen den mehr oder weniger erfolgreich umgesetzten Tipps, die wir in unserem Vereinsforum gegeben haben.

Vorab aber ein Hinweis an die Vorstände, die einen Nachfolger suchen. Schildern Sie Belastungen durch das Amt nicht zu negativ, auch wenn Sie dies im Moment so empfinden. Berichten Sie von schönen Zeiten und bemerkenswerten Erfolgen, die Sie in dem Amt hatten.

9.2.1 Funktion erster Vorsitzender.

9.2.1.1 Zu lange im Amt

Der Vorgänger war sehr lange im Amt. Dies kann einen potenziellen Nachfolger abschrecken.

Lösung: Begrenzen Sie in der Satzung die Amtszeit des Vorstands. Dies könnte sein zum Beispiel zwei Legislaturperioden oder insgesamt sechs Jahre. Dadurch hat ein Kandidat nicht mehr die Befürchtung, dieses Amt nie wieder loszuwerden.

9.2.1.2 Zu viel Arbeit

Der größte Teil der Vorstandsarbeit lag beim ersten Vorsitzenden. Dies führte natürlich zu einer Überlastung, die auch häufiger gegenüber den Mitgliedern artikuliert wurde.

Lösung: Erstellen Sie eine Geschäftsverteilung mit Aufgabenbeschreibung für den Vorstand, in der die Aufgaben gleichmäßig auf alle Schultern verteilt werden.

9.2.1.3 Raub der Freizeit

Die Arbeit als Vereinsvorsitzender raubt gemeinsame Freizeit mit der Familie.

Lösung: Schaffen Sie in Ihrer Satzung die Möglichkeit, die Ehrenamtspauschale von 720 € im Jahr zu zahlen. Dieser Betrag sollte an alle Vorstände ausgekehrt werden. Möchte jemand diese Pauschale nicht haben, kann er sie ja spenden. Auch wenn die Höhe des Betrages den tatsächlichen Aufwand sicherlich nicht ersetzen wird, kann der Vorstand von diesem Geld doch das eine oder andere Mal mit seiner Familie essen gehen und so einen Ausgleich für die entgangene Freizeit mit der Familie schaffen.

9.2.1.4 Vorstand ja, Vorsitzender nein

Es sind genügend Mitglieder bereit, im Vorstand mitzuarbeiten. Niemand möchte jedoch die Funktion des Ersten Vorsitzenden übernehmen.

Lösung: Ändern Sie die Satzung dahin gehend, dass lediglich eine Anzahl von Vorständen gewählt wird. Diese verteilen die Funktionen gemäß Satzung dann unter sich. Sollte keine Einigung erzielt werden, wird für jeweils ein Jahr der Vorsitzende durch Los bestimmt.

9.2.1.5 Arbeitsaufwand nicht zu schaffen

Der Arbeitsaufwand des Vereinsvorsitzenden ist tatsächlich so hoch, dass er von einem noch im normalen Berufsleben stehenden Mitglied nicht bewältigt werden kann.

Lösung: So weit die Finanzen Ihres Vereins es zulassen, beschäftigen Sie in Teilzeit eine oder einen angestellten Vereinsgeschäftsführer, der direkt dem Vorsitzenden zugeordnet wird. Ideal wäre, wenn ein Raum als Geschäftsstelle zur Verfügung stehen würde.

9.2.1.6 Kein Arbeitszimmer

In manchen Vereinen sind mit der Funktion des Vereinsvorsitzenden viel Schriftverkehr und Büroarbeit verbunden. Entsprechende Räumlichkeiten stehen einem möglichen Kandidaten nicht zur Verfügung.

Lösung: Mieten Sie als Verein einen geeigneten Raum zur Nutzung als Geschäftsstelle für den Verein an. Dieser sollte entsprechend ausgestattet werden. Nach unseren Erfahrungen ist es häufig möglich, diese Lösung mit einem geringen finanziellen Aufwand darzustellen.

9.2.2 Schatzmeister

9.2.2.1 Buchführung kann keiner

Es findet sich niemand, der sich in der Lage sieht, die doch anspruchsvolle Buchführung des Vereins zu erledigen.

Lösung 1: Es ist durchaus möglich, die Buchführungsarbeit extern zu vergeben. Für einen normalen Verein liegen die Kosten zwischen 50 und 300 € monatlich. Letzteres wäre schon ein Verein mit sehr vielen Buchungsposten. Die Verantwortung für die Buchführung trägt allerdings immer noch der Schatzmeister.

Lösung 2: Bieten Sie Hilfe durch Steuerberater oder Seminare an.

9.2.2.2 Auch noch die Mitgliederverwaltung

Neben der Buchführungsarbeit ist der Schatzmeister auch für die Mitgliederverwaltung zuständig.

Lösung: Durch eine Änderung der Aufgabenverteilung übernimmt ein anderes Mitglied im Verein die Mitgliederversammlung. Wenn dies auch schwieriger ist als bei der Buchführung, kann diese Tätigkeit auch extern vergeben werden. Sparen Sie auf jeden Fall nicht an entsprechenden EDV Programmen.

9.2.3 Schriftführer

9.2.3.1 Schriftführer = Geschäftsführer

Bisher war der Schriftführer eine Art Geschäftsführer des Vereins, bei dem nahezu alle Verwaltungsarbeiten angesiedelt waren.

Lösung: Ändern Sie die Geschäftsverteilung des Vereins so, dass die Aufgaben gleichmäßig verteilt sind. Soweit die Finanzen des Vereins es zulassen, prüfen Sie die Einstellung einer Teilzeitkraft für die Geschäftsführung.

9.2.3.2 Keine Erfahrung in Protokollführung

Niemand traut sich die Protokollführung zu.

Lösung: Bieten Sie Literatur und Seminare an. Weisen Sie auf die Mitverantwortung des 1. Vorsitzenden hin.

9.2.4 Gesamter Vorstand nicht zu besetzen

9.2.4.1 Zu viele Konflikte

Durch viele Konflikte in der Vergangenheit hat das Image des Vorstandes so gelltten, dass niemand diese Bürde auf sich nehmen möchte.

Lösung: Ändern Sie die Satzung so, dass Sie die Anzahl der Vorstandsmitglieder verringern. Eventuell sogar auf zwei Personen. Denkbar wäre auch, dass die Mitgliederversammlung nur den ersten Vorsitzenden wählt. Dieser wird laut Satzung ermächtigt, den zweiten Amtsinhaber selbst zu bestimmen.

9.2.4.2   *Keiner will verlieren*

Sie haben den Eindruck, dass sich zwar einige zur Vorstandstätigkeit bereit erklären würden, aber sich nicht so recht trauen. Sie möchten gewählt werden, ohne zu kandidieren und damit eine Niederlage bei der Wahl zu riskieren.

Lösung: Lassen Sie in der Mitgliederversammlung in geheimer Wahl zunächst die Wunschkandidaten der Mitglieder wählen. Das Ergebnis der Wahl wird nur insoweit bekannt gegeben, als die Kandidaten in einer echten Wahl die erforderliche Mehrheit bekommen hätte. Fragen Sie dann die Kandidaten, ob sie nicht doch für eine Kandidatur zur Verfügung stehen würden unter der Voraussetzung, dass auch die anderen mitmachen würden. Soweit die Satzung dies zulässt, lassen Sie die Liste als Blockwahl wählen. Lässt die Satzung keine Blockwahl zu, wenden Sie ein vergleichbares aber satzungsgemäßes Verfahren an.

9.2.4.3   *Zu viel Arbeit, zu wenig Zeit*

Der Arbeit - und Zeitaufwand wird als zu groß angesehen.

Lösung: Wenn die finanzielle Situation es zulässt, schaffen Sie eine Geschäftsstelle mit einem oder einer Angestellten (Teilzeit -) Mitarbeiterin. Dies führt, obwohl häufig mit geringem Aufwand möglich, in der Mitgliederversammlung mitunter zu Diskussionen. Hilfreich ist, auf die sonstigen Kosten des Vereins hinzuweisen. Wo es möglich ist, Übungsleiter zu Recht bedarfsgerecht zu bezahlen, sollte auch an der Verwaltung des Vereins nicht über Gebühr gespart werden.

9.2.4.4   *Kein Mitglied will es machen*

Es findet sich unter den Mitgliedern niemand, der das Amt eines Vorstandes ausüben möchte.

Lösung: Ändern Sie die Satzung so, dass auch Nichtmitglieder des Vereins in den Vorstand gewählt werden können.

9.2.4.5 Am Ende findet sich immer jemand

Nach unseren Erfahrungen ist es tatsächlich so, dass am Ende sich doch ein Vorstand findet. Die Lösung sollte jedoch sein, den Richtigen zu finden. Wir hoffen, dass unsere Lösungsvorschläge dabei geholfen haben, dies zu erreichen. Natürlich gibt es auch hier noch mehr Probleme und noch mehr Lösungsvorschläge. Stellen Sie dazu auch gern Ihre Fragen in unserem Vereinsforum im Internet.

10 Der richtige Führungsstil

10.1 Eine kleine Analyse

Ob Sie der 1. Vorsitzende sind oder eine andere Vorstandsfunktion in Ihrem Verein wahrnehmen: Das Wohl des Vereins hängt nicht zuletzt von einer vernünftigen Zusammenarbeit im Vorstand ab, zu der Sie entscheidend beitragen können. Zunächst einige Stoßseufzer von Kollegen, in deren Vorstandsarbeit es offensichtlich ein wenig hakt:

(Zur nicht ganz so ernst gemeinten Selbstkontrolle addieren Sie die Punktzahlen der Aussagen, die auch auf Sie bzw. Ihr Gremium zutreffen)

Ich muss im Vorstand (Verein) fast alles allein machen. (Ja: 8 Punkte; Nein: 2 Punkte)

Bei unseren Vorstandssitzungen sind selten mehr als die Hälfte der Mitglieder anwesend. (Ja: 7; Nein: 3)

Wichtige Entscheidungen werden immer wieder hinausgeschoben. (Ja: 2; Nein: 8)

In unseren Vorstandssitzungen kommt zu jedem Thema jedes Mitglied ausgiebig zu Wort. (Ja: 4; Nein: 6)

Ich musste sogar schon mit meinem Rücktritt drohen, um notwendige Entscheidungen durchzusetzen. (Ja: 9; Nein 1)

Unser Verein steht gut da, weil dringende Entscheidungen auch schon mal außerhalb des Instanzenweges getroffen werden. (Ja: 8; Nein: 2)

Unsere Vorstandssitzungen dauern regelmäßig länger als eigentlich vorgesehen. (Ja: 1; Nein: 9)

Die Leitungen unserer Vorstandssitzungen erfordern ein hohes Maß an Geduld und Nervenstärke. (Ja: 3; Nein: 7)

Maximal konnten bei diesem kleinen Spiel 60 Punkte, minimal 20 Punkte erreicht werden. Eine hohe Punktzahl deutet auf einen eher "autoritären" Führungsstil hin. Im Verein ist dies der Vorstand vom Typ "Einzelkämpfer". Bei einer niedrigeren Punktzahl scheint in Ihrem Vorstand eher "kooperativ", mit einem guten Teamgeist, gearbeitet zu werden.

Ob Sie sich nun ertappt oder bestätigt fühlen, bitte Vorsicht! - Beide Führungsstile haben ihre Vor- und Nachteile. Je nach Situation, Aufgabe und zur Verfügung stehender Zeit kann mal der eine, mal der andere Führungsstil der Richtige sein. Und Gott sei Dank gibt es eine Vielzahl von Kombinationen zwischen diesen beiden extremen Richtungen.

10.2 Allein oder im Team

10.2.1 Der Einzelkämpfer

Der Typ "Einzelkämpfer" kann für den Verein dann von Vorteil sein, wenn dieser

- eine hohe Qualifikation und Weitsicht bei seinen Entscheidungen beweist,

- sehr selbstkritisch seine eigenen Entscheidungen und Handlungen überprüft,

- Durchsetzungsvermögen und gute Entscheidungsfähigkeit beweist.

Für den hier geschilderten Vorsitzenden hat sein autoritärer Führungsstil sicher den Vorteil, dass er bei der Entscheidungsfindung wenig Zeit und vielleicht auch wenig Nerven verbraucht. In der Ausführung seiner Entscheidungen werden ihn die Nachteile jedoch überholen, er wird mehr oder weniger tatsächlich fast alles allein machen müssen, denn:

Die Motivation der Vorstandskollegen und der Mitglieder lässt bei einem solchen Arbeitsstil naturgemäß nach, da sie sich schlecht informiert fühlen und den Eindruck haben, nur mit weniger interessanten Aufgaben betraut zu werden. Für verantwortliche Tätigkeiten im Verein werden sich nur Mitglieder finden, die

- den Vorsitzenden als alleinige Instanz anerkennen, und damit auf Kontrollrechte verzichten

- ohne eigene Ideen einbringen zu können die Vorgaben mehr oder weniger engagiert umsetzen.

- eigentlich kein Interesse an der Vorstandsarbeit haben und froh sind, wenn ihnen Arbeit und Verantwortung abgenommen werden.

Die Nachteile eines solchen Führungsstils liegen neben dem Ausschluss vieler Mitglieder von der Vereinsarbeit in der Gefahr von unkontrollierten Fehlentwicklungen. Die Vorteile liegen in der hohen Entscheidungsgeschwindigkeit.

10.2.2 Das Vorstandsteam

Als der modernere der beiden hier vorgestellten Führungsstile gilt der "Kooperative Führungsstil", im Verein besser: die Teamarbeit im Vorstand.

Bei einer gut abgestimmten Teamarbeit werden die Aktivitäten des Vereins nicht nur innerhalb des Vorstands, sondern auch unter Hinzuziehen möglichst vieler Mitglieder gestaltet. Voraussetzung ist ein etwa gleich guter Informationsstand und eine hohe Motivation aller Beteiligten.

Die Merkmale der Teamarbeit sind:

- Der Vorsitzende, hier besser: Der Vorstand bezieht alle für den behandelten Bereich verantwortlichen Mitglieder in den Entscheidungsprozess mit ein. Eine gut vorbereitete Mitarbeit wird erwartet.

- Die Entscheidungen im Vorstand werden unter Berücksichtigung der Überlegungen und Einwendungen aller Beteiligten getroffen. Die Umsetzung wird soweit wie möglich delegiert.

- Die Kontrolle wird gemeinsam vereinbart und als Erfolgskontrolle im Rahmen einer umfassenden Information vorgenommen.

Für den 1. Vorsitzenden und die weiteren Vorstandsmitglieder bedeutet dies:

- Weitgehender Verzicht auf persönliches Ansehen aus der Funktion.

- Aufgeschlossenheit und Vertrauen in die Fähigkeiten des Anderen.

- Bereitschaft zur Delegation von Kompetenzen.

- Freiwillige Unterwerfung unter eine gemeinsam durchzuführende Erfolgskontrolle.

- Den nötigen Willen und die Fähigkeit zum Übernehmen von Verantwortung.

Der Zeitaufwand dieses Führungsstils ist ersichtlich höher und verlangt gerade in der Vereinsarbeit ein hohes Maß an Geduld und Nervenkraft. Es lohnt sich jedoch, da bei der Umsetzung der Entscheidungen in der Regel auf motivierte Mitglieder gebaut werden kann.

Die Vorteile der Teamarbeit im Vorstand liegen neben dem Motivationseffekt durch Einbindung vieler Vereinsfachleute in qualifiziert sachgerechten Entscheidungen. Die Entscheidungsgeschwindigkeit verlangsamt sich jedoch deutlich.

10.2.3 Keine Schnellschüsse

So, falls Sie jetzt den Vorsatz gefasst haben, Ihren Führungsstil grundlegend zu ändern oder, was ja auch denkbar ist, Sie Ihren Kollegen einmal deutlich auf seine Führungsmängel hinweisen wollen denken Sie daran: Sich nach 10 oder 20 Jahren der hoffentlich erfolgreichen Vereinsarbeit völlig umzustellen, wäre nicht nur nicht möglich, es wäre auch falsch. Es gilt vielmehr, die Ecken und Kanten abzuschleifen und sich Stück für Stück in die richtige Richtung zu bewegen.

10.3 Auf vielen Schultern

10.3.1 Was kann delegiert werden?

Werden in Ihrem Verein alle anstehenden Probleme in Vorstandssitzungen besprochen, entschieden und in der Sitzung dann einzelne Vorstandsmitglieder mit der Umsetzung beauftragt? Dann haben Sie sich sicher schon über den Arbeitsaufwand geärgert. Sie haben bemängelt, dass

- alle Vorstandsmitglieder sich mit dem gleichen Problem befassen;

- Diskussionen provoziert werden, die Zeit und Nerven kosten;

- die Umsetzung auch in dringlichen Fällen bis zur nächsten Vorstandssitzung hinausgeschoben werden muss.

Eine Entlastung für den Vorstand bringt die Delegation von

- Aufgaben,

- Befugnissen und

- Verantwortung.

Zu beachten ist dabei, dass diese drei Dinge untrennbar zusammengehören. Wer eine Aufgabe übernehmen soll, muss auch die nötigen Entscheidungen treffen können. Nur dann trägt er tatsächlich auch die Verantwortung.

Natürlich muss auch die Bereitschaft zur Übernahme von Verantwortung und zum selbstständigen Handeln bei den Mitgliedern vorhanden sein. Diese Bereitschaft wird auf jeden Fall dann vorhanden sein, wenn schon bei der Wahl in den Vorstand die Arbeitsmethoden dieses Gremiums bekannt sind.

Im Rahmen der Geschäftsverteilung im Vorstand werden Aufgaben, Befugnisse und Verantwortung, die der Vorstand sonst im Kollektiv wahrnimmt, auf einzelne seiner Mitglieder delegiert.

10.3.2 Abgrenzen und ausreichend informieren

Wenn Sie eine Geschäftsverteilung vornehmen, sind Aufgabenbereiche, Kompetenzen und Verantwortungen möglichst genau abzugrenzen. Die einzelnen Vorstandsmitglieder sollten sich nach ihren Neigungen und Fähigkeiten für einzelne Aufgabenbereiche entscheiden.

In den turnusmäßigen Vorstandssitzungen berichten die Mitglieder über ihre Arbeit. Gemeinsam erarbeitete Ziele (siehe dort) ermöglichen eine Selbst- und eine Gegenseitigkeitskontrolle. Die Leistung des Einzelnen wird im Vorstand anerkannt. Nach außen ist es die Leistung des gesamten Vorstands.

10.3.3 Die Satzung gibt's vor

Eine gewisse Geschäftsverteilung im Vorstand ergibt sich bei den meisten Vereinen schon aus der satzungsmäßigen Bezeichnung der Vorstandspositionen. So gibt es eigentlich immer den Schatzmeister und/oder Kassierer, der dafür sorgt, dass die Beiträge hereinkommen. Dann gibt es traditionell den Schriftführer mit der Zuständigkeit für die Protokolle und eventuell noch einen Pressewart der, wie der Name schon sagt, die Presse über die Wahlergebnisse der letzten Mitgliederversammlung informiert. Den Rest macht der 1. Vorsitzende, und wenn der nicht da ist, aber das kommt ja so gut wie nie vor, der 2. Vorsitzende.

10.3.4 Ein weitergehender Vorschlag

Zugegeben, diese Darstellung ist etwas überzogen, aber leider in der Realität mitunter anzutreffen. Wie kann man es besser machen? Was halten Sie von folgender Regelung für einen 6 - Personen - Vorstand. Die aus der Satzung vorgegeben "Titel" wurden beibehalten.

1. Vorsitzender:
- Grundsatzfragen, satzungsrechtliche Fragen.
- Akquisition und Betreuung von Sponsoren und Förderern.
- Vorbereitung und Leitung der Sitzungen.

2. Vorsitzender:
- Gewinnen und Betreuung der ehrenamtlichen Helfer, Betreuer und Übungsleiter sowie der Angestellten des Vereins.
- Mitgliederverwaltung.
- Anschaffung und Unterhaltung vereinseigener Kleidung und vereinseigener Geräte.

Schatzmeister:
- Finanzen.
- Buchführung

Schriftführer:
- Protokollführung, allgemeine Verwaltung.
- Versicherungsangelegenheiten.
- Kontakt zu anderen Vereinen, Behörden, Verbänden.

Pressewart:
- Öffentlichkeitsarbeit.

- Soziales Angebot, Veranstaltungen, Ehrungen.
- Betreuung der passiven Mitglieder.

Jugendwart:

- Koordination der Jugendarbeit.
- Abteilungsübergreifende Aktivitäten im Jugendbereich.

Diese Geschäftsverteilung erhebt mit Sicherheit nicht den Anspruch, perfekt zu sein. Aber sie gibt jedem Vorstandsmitglied mindestens eine wichtige Aufgabe und macht den Vorstand zu einem echten Kollegialorgan gleichberechtigter Mitglieder. Zu dieser Geschäftsverteilung gehört eine entsprechende Delegation von Kompetenzen, die aus Gründen der Übersichtlichkeit im Abschnitt Aufbauorganisation behandelt wird.

11 Die Vorstandssitzung

11.1 Die Bedeutung der Vorstandssitzung

Die Vorstandssitzung eines Vereins ist, von einigen Sonderregelungen abgesehen, zwischen den Mitgliederversammlungen das höchste Organ des Vereins. Die Vorstandssitzung ist daher eine wichtige Zusammenkunft, die nicht durch Fehler des Versammlungsleiters oder Fehlverhalten der Teilnehmer in ihrer Wirkung beeinträchtigt werden darf.

Die Vorstandssitzung ist zudem eine in der Vereinssatzung festgeschriebene Form der Zusammenarbeit mit dem Ziel, sich gegenseitig zu informieren, zu beraten, zu motivieren und die notwendigen Entscheidungen zu treffen. Dabei werden neue Ideen entwickelt, um gemeinsam Probleme zu lösen. Die unterschiedlichen Aufgaben der Vorstandsmitglieder werden aufeinander abgestimmt. Entscheidungen werden vorbereitet, getroffen und später wird über deren Umsetzung berichtet.

Zur erfolgreichen Durchführung einer Vorstandssitzung müssen der Sitzungsleiter, kraft Amtes ist dies in der Regel der 1. Vorsitzende, die übrigen Vorstandsmitglieder und eventuell teilnehmende Gäste gleichermaßen beitragen.

11.2 Die Aufgaben des 1.Vorsitzenden

Als 1.Vorsitzender bereiten Sie die Vorstandssitzung vor und laden zu ihr ein. Die Tagesordnung ergibt sich aus den aufgelaufenen Themen und weiterer Tagesordnungswünschen der Teilnehmer. Gliedern Sie die Tagesordnungspunkte möglichst fein. Die Reihenfolge legen Sie so fest, dass Sie für die wichtigen Punkte ausreichend Zeit zur Diskussion haben.

Beginnen Sie die Sitzung pünktlich zur vereinbarten Uhrzeit. Aus der berühmt-berüchtigten "Akademischen Viertelstunde" werden beim nächsten Mal schnell unakademische 30 Minuten. Zu Beginn der Sitzung wird allen Teilnehmern die Tagesordnung bekannt gegeben und nach Änderungswünschen gefragt.

Die Vorstandssitzung eines Vereins sollte nicht länger als zwei Stunden dauern. Nachgewiesenermaßen lässt nach ca. 90 Minuten die Bereitschaft zu einvernehmlichen Lösungen zu kommen deutlich nach. Beenden Sie die Sitzung, wenn der vorgesehene Zeitrahmen erreicht ist, und vertagen Sie die nicht abschließend behandelten Punkte auf den nächsten Sitzungstermin.

Die Ergebnisse der behandelten Punkte fassen Sie noch einmal zusammen, dann hat es der Protokollführer leichter und die anderen Teilnehmer behalten die Sitzung besser im Gedächtnis. Bedanken Sie sich bei den Teilnehmern und wünschen Sie ihnen einen guten Heimweg. Oder, zumindest nach hitzigen Sitzungen bewährt, verabreden Sie sich zu einem „Dämmerschoppen".

Das Ende dieser "Nachsitzung" ist dann zeitlich unbegrenzt. (Aber bitte die Sitzung nicht wieder neu eröffnen).

11.3 Sitzungsleiter - ein schweres Amt

Eine Sitzung zu leiten macht häufig viel Freude, kann aber auch zur Last werden. Letzteres dann, wenn versucht wird, auf der "Bühne"

Vereinsvorstand private Fehden auszutragen. Um auch diese Situation zu meistern, haben Sie als Sitzungsleiter alle Rechte, die einen ordnungsgemäßen Sitzungsverlauf sicherstellen.

Sie können den Teilnehmern das Wort erteilen oder (in Ausnahmefällen) auch entziehen. Die Reihenfolge, in der Sie den Teilnehmern das Wort erteilen, können Sie bestimmen. Dabei sollte man jedoch nicht willkürlich vorgehen, sondern sich nach bestimmten Kriterien richten: In der Reihenfolge der Wortmeldungen, nach Themen geordnet, etc. Lassen Sie möglichst jeden, der es wünscht, zu Wort kommen. Wortmeldungen zur Geschäftsordnung (siehe: Mitgliederversammlung) werden vorrangig behandelt.

Auch eine Vorstandssitzung können Sie vorzeitig abbrechen. Von diesem Recht sollten Sie allerdings nur in Ausnahmesituationen (z. B. ständige bewusste Störungen, sehr schlechte Anwesenheitsquote), Gebrauch machen.

11.4 Sitzordnung und Bewirtung

Bei der Sitzordnung achten Sie darauf, dass jeder von seinem Platz aus jeden anderen Sitzungsteilnehmer sehen kann. Auch sollte jeder die Möglichkeit haben, sich schriftliche Notizen zu machen. Hinter den Stuhlreihen muss so viel Platz sein, dass man, ohne einen anderen Teilnehmer zu stören, den Raum verlassen kann.

Und nun noch etwas zur Bewirtung während der Vorstandssitzung: Ideal wäre es, wenn Getränke auf den Tischen bereitständen. Dies ist erfahrungsgemäß nicht immer möglich. So sollten Sie zumindest erreichen, dass die Störungen durch die Nachfrage nach benötigten Getränken in vorher vereinbarten Pausen erfolgen.

Ganz und gar unpassend ist es, wenn während einer Sitzung gegessen wird. Bitten Sie Ihren Vorstandskollegen freundlich aber bestimmt, seine Mahlzeit im Nebenraum oder nach Schluss der Sitzung einzunehmen. Letzteres ist auf jeden Fall dann vertretbar, wenn Ihre Sitzungen einen vereinbarten Zeitrahmen von etwa 2 Stunden nicht überschreiten.

11.5 Zum Gelingen beitragen?

Als Teilnehmer an einer Vorstandssitzung bereiten Sie sich gewissenhaft auf die Tagesordnungspunkte vor. Sofern Sie eine Gruppe vertreten, z. B. als Leiter einer Sparte, stimmen Sie Ihren Standpunkt zu den bekannten Tagesordnungspunkten vorher in dieser Gruppe ab.

Erscheinen Sie pünktlich zur Sitzung. Wenn Sie vorhersehen können, dass Sie nicht pünktlich sein können, verständigen Sie rechtzeitig den Versammlungsleiter. Er kann dann die Sie interessierenden Tagesordnungspunkte an den Schluss stellen.

Fassen Sie sich kurz bei Ihren Wortbeiträgen. Unterbrechen Sie andere Teilnehmer nicht bei deren Beiträgen, dann können Sie sich ihrerseits auch dagegen verwahren.

Warten Sie ab, bis Ihnen das Wort erteilt wird. Sollte ein Vorredner Ihren Gedanken schon aufgegriffen haben, ziehen Sie Ihre Wortmeldung im Interesse eines zügigen Sitzungsverlaufs zurück. Sie ernten damit mehr Sympathien, als wenn Sie wortreich darlegen, dass Sie diesen Gedanken auch (und natürlich schon eher) hatten.

Falls ein Punkt der Tagesordnung Sie nicht sonderlich interessiert, lassen Sie es niemanden merken. Geräuschvolles Blättern in den Unterlagen und das ach so wichtige Schwätzchen mit Ihrem Nachbarn ist eine Missachtung Ihrer Kollegen und wird von diesen auch so empfunden.

12 Zuwendungen im Ehrenamt

12.1 Annehmlichkeiten

Der Grundsatz der Selbstlosigkeit bestimmt, dass der gemeinnützige Verein seinen Mitgliedern grundsätzlich nichts zuwenden darf. Ausnahmen sind die sogenannten Annehmlichkeiten wie sie im Rahmen der Betreuung von Mitgliedern allgemein üblich und nach allgemeiner Verkehrsauffassung als angemessen anzusehen sind.

12.1.1 Persönliche Anlässe

Aufgrund eines persönlichen Ereignisses (Hochzeit, Geburtstag) darf das Vereinsmitglied Sachzuwendungen bis zu einem Wert von 35 € erhalten, und zwar für jedes persönliche Ereignis.

In Ausnahmefällen darf die 35 €-Grenze überschritten werden, z. B. wenn das Kranz- und Grabgebinde für ein verstorbenes Vereinsmitglied mehr als 35 € kostet.

12.1.2 Vereinsanlässe

Aufgrund besonderer Vereinsanlässe dürfen dem Vereinsmitglied neben evtl. Zuwendungen für persönliche Anlässe für sämtliche Vereinsanlässe im Jahr höchstens 35 € zugewendet werden. Besondere Vereinsanlässe sind z. B.

- die unentgeltliche Bewirtung auf der Mitgliederversammlung oder
- die Bezuschussung des Vereinsausflugs.

Insgesamt dürfen jedoch nur 35 € pro Person und Jahr ausgegeben werden.

Die 35 € - Grenze darf bei Vereinsausflügen überschritten werden, wenn in Verbindung mit dem Vereinsausflug der Verein am Zielort gemeinnützig tätig ist. Wichtig dabei ist, dass die gemeinnützigen Zwecke überwiegen und die Erholung oder Geselligkeit so gut wie ausgeschlossen sind.

12.2   Vereinsrechtlicher Aufwandsersatz

12.2.1 Im Ehrenamt

Macht der Beauftragte (= Ehrenamt) zum Zwecke der Ausführung des Auftrags Aufwendungen, die er den Umständen nach für erforderlich halten durfte, so ist der Auftraggeber (= Verein) zum Ersatz dieser Aufwendungen verpflichtet.

12.2.2 Grundsätze zum Aufwandsersatz:

Aufwandsersatz ist ein zivilrechtlicher und kein steuerrechtlicher Begriff! Aufwandsersatz ist keine Aufwandsentschädigung, da damit nicht die Tätigkeit und die Arbeitsleistung als solche vergütet werden soll, sondern lediglich der materielle - tatsächlich angefallene - Aufwand. Der im Auftrag und Interesse des Vereins tätige Vorstand kann sogar einen Vorschuss verlangen, wenn die ihm zur Verfügung stehenden Mittel nicht ausreichen.

12.2.3 Kein Verdienstausfall

Für Aufwendungen besteht zivilrechtlich ein Anspruch, der den Verein verpflichtet, dem Vorstand seine Aufwendungen zu ersetzen. Hierzu gehört grundsätzlich nicht ein eventueller Verdienstausfall oder eine Entschädigung für das "Freizeitopfer". Steuerlicher Aufwandsersatz

12.2.4 Lohnsteuerpflichtiger Aufwandsersatz

- Zahlungen an Sportler für ihren Aufwand. Hierzu gehören sowohl die pauschalen Zahlungen von monatlich bis zu 400 € im Jahresdurchschnitt als auch der über diese Pauschale hinausgehende und insgesamt einzeln nachzuweisende Aufwandsersatz; die Abgeltungen zum Kauf und zur Pflege von Sportkleidung sowie des Verpflegungsmehraufwandes bei Spielen und Trainingsveranstaltungen am Ort.
- Die ersetzten Fahrtkosten für Fahrten zwischen Wohnung und Arbeitsstätte. Arbeitsstätte ist die Heimsportstätte (Sportplatz, Sporthalle). Falls der Fahrtkostenersatz nicht beim jeweiligen Sportler mit versteuert werden soll, kann der Verein den Erstattungsbetrag pauschal versteuern.

12.2.5 Lohnsteuerfreier Aufwandsersatz

- Der vom Verein gezahlte Aufwandsersatz an Sportler und Übungsleiter ist nicht lohnsteuerpflichtig, wenn die Vergütungen die mit der Tätigkeit zusammenhängenden Aufwendungen der Sportler und Übungsleiter nur unwesentlich, d.h. nicht mehr als 10% übersteigen. Dann liegt kein Arbeitslohn vor.

- Zum lohnsteuerfreien Aufwandsersatz gehören u. a. Auslagen für Portokosten und Telefongebühren, soweit sie einzeln belegbar sind und für den Verein aufgewendet wurden.
- Aufwendungen für Dienstreisen in Höhe der Pauschbeträge für Fahrtkosten und Verpflegungsmehraufwendungen sowie in Höhe der nachgewiesenen Übernachtungskosten (ohne Frühstück).
- Einnahmen von nebenberuflichen Übungsleitern bis zur Höhe von 2.400 € jährlich.
- Fahrten zu Auswärtsspielen sind Dienstreisen.

12.3   Übungsleiterpauschale

Um die sog. "Übungsleiterpauschale" nach § 3 Nr. 26 EStG in Anspruch nehmen zu können, müssen gleichzeitig die folgenden vier Voraussetzungen erfüllt sein:

- es muss eine begünstigte Tätigkeit ausgeübt werden,
- die Tätigkeit muss nebenberuflich ausgeübt werden,
- die Tätigkeit muss im Dienst oder Auftrag einer öffentlich-rechtlichen oder gemeinnützigen Körperschaft erbracht werden,
- die Tätigkeit muss der Förderung gemeinnütziger, mildtätiger oder kirchlicher Zwecke dienen. Eine Tätigkeit in einem steuerpflichtigen wirtschaftlichen Geschäftsbetrieb eines Vereins erfüllt dagegen nicht das Merkmal der Förderung gemeinnütziger Zwecke.

12.3.1 Begünstigte Tätigkeiten sind

- Übungsleiter oder Trainer

- Betreuer, wenn er einen direkten pädagogischen Kontakt zu den betreuten Menschen hat (Mannschaftsbetreuer, Jugendleiter)
- Ausbilder/in, Erzieher/in oder vergleichbare Tätigkeiten (z. B. die Lehr- und Vortragstätigkeit im Rahmen der allgemeinen Bildung und Ausbildung wie das Geben von Kursen, das Halten von Vorträgen oder das Erteilen von Schwimmunterricht)

Grundvoraussetzung für die Begünstigung ist immer eine pädagogische Ausrichtung der Tätigkeit. Nicht unter § 3 Nr. 26 EStG fallen deshalb die Tätigkeiten z. B. als Platzwart, Gerätewart, Kassierer, Vorstandsmitglied, Reinigungskraft oder Hausmeister.

12.3.2 Nebenberuflich

Eine Tätigkeit gilt als nebenberuflich, wenn sie nicht mehr als ein Drittel der Arbeitszeit eines vergleichbaren Vollzeiterwerbs in Anspruch nimmt. Es können deshalb auch Personen nebenberuflich tätig sein, die überhaupt keinen Hauptberuf im steuerrechtlichen Sinne ausüben, z. B. Studenten oder Rentner.

Übt jemand mehrere verschiedenartige Tätigkeiten gemäß § 3 Nr. 26 EStG aus, ist die Nebenberuflichkeit für jede Tätigkeit getrennt zu beurteilen. Mehrere gleichartige Tätigkeiten werden aber zusammengefasst. Eine Tätigkeit wird auch nicht nebenberuflich ausgeübt, wenn sie als Teil der Haupttätigkeit anzusehen ist. Bei schwankender wöchentlicher Arbeitszeit oder wenn die Tätigkeit nur einige Wochen oder Monate dauert, wird die erreichte Stundenzahl auf das gesamte Kalenderjahr bezogen.

12.3.3 Höhe des Freibetrags

Die Steuer- und Sozialversicherungsfreiheit ist - auch bei Einnahmen aus mehreren nebenberuflichen Tätigkeiten, z. B. für verschiedene Vereine und bei Nachzahlungen für eine in mehreren Jahren ausgeübte Tätigkeit - insgesamt auf einen Betrag von 2.400 € pro Kalenderjahr begrenzt. Eine zeitanteilige Aufteilung des Jahresfreibetrages ist nicht erforderlich; d. h. auch dann, wenn die Tätigkeit nur während eines Teils des Jahres ausgeübt wird, hat man trotzdem Anspruch auf den vollen Jahresfreibetrag. In dem Betrag von 2.400€ sind alle steuerpflichtigen Zuwendungen und geldwerten Vorteile einzurechnen, die der Übungsleiter bzw. Betreuer im Zusammenhang mit der Tätigkeit vom Verein erhält. Ein höherer Betrag als 2.400 €/Kalenderjahr kann grundsätzlich nur dann steuer- und sozialversicherungsfrei ausgezahlt werden, wenn ein entsprechender steuerlich berücksichtigungsfähiger Aufwand in voller Höhe konkret nachgewiesen wird.

12.3.4 Weitere Zahlungen

Unter folgenden Voraussetzungen ist jedoch - neben dem Freibetrag von 2.400 €/Kalenderjahr - ein zusätzlicher Fahrtkostenzuschuss für Fahrten zwischen Wohnung und Trainingsstätte möglich:

Der Fahrtkostenzuschuss muss ausdrücklich zusätzlich zum ohnehin geschuldeten Entgelt vereinbart sein. Die Höhe des Fahrtkostenzuschusses darf beim Pkw die steuerlich zulässige Entfernungspauschale bzw. bei der Benutzung öffentlicher Verkehrsmittel die tatsächlich nachgewiesenen Kosten nicht übersteigen. Der Verein muss für den Fahrtkostenzuschuss pauschale Lohnsteuer (gemäß § 40 Abs. 2 Satz 2 EStG) an das Finanzamt abführen.

12.4 Ehrenamtspauschale

Mit dem »Gesetz zur weiteren Stärkung des bürgerschaftlichen Engagements« zum 01.01.2007 wurde für alle ehrenamtlichen Tätigkeiten, eine steuerfreie (pauschale) Aufwandsentschädigung eingeführt (§ 3 Nr. 26a EStG). Inzwischen wurde der Höchstbetrag auf 720,-- € festgesetzt

Für die steuerliche Bewertung und Behandlung gelten die gleichen Regelungen wie für den Übungsleiterfreibetrag, allerdings gibt es hier keine Beschränkung auf bestimmte Tätigkeitsfelder.

Um den Freibetrag in Anspruch nehmen zu können, darf zum einen die Tätigkeit nur nebenberuflich, also mit nicht mehr als einem Drittel der üblichen Arbeitszeit ausgeübt werden und nicht der hauptberuflichen Tätigkeit entsprechen.

Zum anderen muss der Auftraggeber eine öffentliche Körperschaft, eine religiöse oder gemeinnützige Organisation sein. Der Ehrenamtsfreibetrag in Höhe von 720 € kann nur in Anspruch genommen werden, wenn tatsächlich Geld fließt, d. h. ausbezahlt wird.

Die Ehrenamtspauschale darf nicht neben der Übungsleiterpauschale gezahlt werden, es sei denn, es handelt sich um unterschiedliche Tätigkeiten. (Beispiel: Der Schatzmeister bekommt die Ehrenamtspauschale und für seine Tätigkeit als Trainer der Damenriege die Übungsleiterpauschale.) Die Satzung muss diese Zahlung der Ehrenamtspauschale ausdrücklich zulassen.

12.5 256 € Vereinfachungsregelung

12.5.1 Freigrenze

Zur Beurteilung der Frage, ob bei einer ehrenamtlichen Tätigkeit die "Einkunftserzielungsabsicht" gegeben und die Tätigkeit damit grundsätzlich einkommensteuerpflichtig ist, hat die Finanzverwaltung eine wichtige Vereinfachungsregelung erlassen (z. B. Erlass des Finanzministeriums Nordrhein-Westfalen vom 03.03.2000).

Danach führt Aufwendungsersatz an ehrenamtlich Tätige, der über die als Betriebsausgaben/Werbungskosten abziehbaren Beträge hinaus geleistet wird, nicht zu steuerpflichtigen Einkünften, wenn er im Kalenderjahr unter dem Betrag von 256 € bleibt. Hierbei handelt es sich um eine Freigrenze.

12.5.2 Überschuss ermitteln

Wird daher im Kalenderjahr Aufwendungsersatz – gegebenenfalls mit weiteren Vergütungen – über die als Betriebsausgaben oder

Werbungskosten abziehbaren Beträge hinaus von mindestens 256 € gewährt, dann ist der gesamte Betrag steuerpflichtig. Das bedeutet aber zugleich, dass der Steuerpflichtige auch keine "Verluste" steuerlich absetzen darf, wenn in einzelnen Jahren seine tatsächlichen Ausgaben die Einnahmen übersteigen sollten.

Bei Anwendung dieser Vereinfachungsregelung darf der Aufwendungsersatz nicht ohne weiteres den gesamten tatsächlich entstandenen Aufwendungen des ehrenamtlich Tätigen gegenübergestellt werden. Eine Überschusserzielungsabsicht ist nur dann zu verneinen, wenn der gewährte Aufwendungsersatz die Aufwendungen des ehrenamtlich Tätigen nur ganz unwesentlich überschreitet, die bei Vorliegen einer Einkunftsart ansonsten als Werbungskosten/Betriebsausgaben steuerlich abgezogen werden könnten. Hierbei sind auch für ehrenamtlich Tätige die allgemeinen steuerlichen Abzugsbeschränkungen zu beachten.

12.5.3 Wenn sonst nichts geht

Nach der Einführung der neuen Steuerbefreiung nach § 3 Nr. 26a EStG für allgemeine ehrenamtliche Tätigkeiten bis zur Höhe von 500 € im Jahr hat diese Regelung jedoch an Bedeutung verloren. Aber zum Beispiel Amateurfußballer können nicht die Übungsleiterpauschale in Anspruch nehmen und fallen auch nicht unter den Ehrenamtsfreibetrag. Für sie ist die 256 € Freigrenze nach wie vor eine steuerliche Erleichterung.

Amateur-Fußballspieler Fritz Walter erhält für 30 Einsätze jeweils 12 € pro Einsatz Aufwandsentschädigung, pro Jahr also 306 €. Fahrtkosten entstehen ihm in Höhe von 120 €. Mit einem Überschuss von 240 € bleibt er damit unter der Freigrenze von 256 € und zahlt für die Aufwandsentschädigung keine Steuern.

13 Das Protokoll, Dokument Ihrer Arbeit

13.1 Was soll erreicht werden?

Das Protokoll für die Vorstandssitzung ist die dokumentierte Grundlage Ihrer Vorstandsarbeit. Im Protokoll werden die Beschlüsse festgehalten, und dienen damit als Arbeitsunterlage und Gedächtnisstütze zugleich. Daher werden im Protokoll auch Äußerungen und Tatbestände notiert, die von Interesse sind, ohne Beschlüsse zu sein.

Das Protokoll wird vom Protokollführer und dem Sitzungsleiter unterschrieben.

Eine Liste der Sitzungsteilnehmer wird dem Protokoll beigefügt, auf der evtl. nicht oder nur zeitweise teilnehmende Mitglieder des Gremiums vermerkt werden. Um die formale Richtigkeit des Protokolls sicherzustellen, hat sich eine formularmäßige Fassung bewährt.

In Inhalt und Darstellung werden unterschieden:

- Wortprotokoll
- Stichwortprotokoll
- Ergebnisprotokoll

13.2 Das Wortprotokoll

Das Wortprotokoll ist eine wortgetreue Mitschrift und daher im Verein in der Regel nicht durchführbar, da es einen hohen personellen (Mitschreiben) und technischen (Mitschnitt durch Tonträger) Aufwand erfordert.

13.3 Das Ergebnisprotokoll

Das Ergebnisprotokoll ist die knappste Form und verursacht den geringsten Arbeitsaufwand. Es enthält zunächst einmal die Bezeichnung des Gremiums (Vorstand, Mitgliederversammlung etc.), dann den Ort, den Tag und die Uhrzeit (Beginn und Ende) der Sitzung. Es folgt das Ergebnis der einzelnen Tagesordnungspunkte evtl. mit Angabe der für die Erledigung eines Problems zuständigen Abteilung.

13.4 Das Stichwortprotokoll

Möchte ein Diskussionsteilnehmer seinen Beitrag "zu Protokoll genommen wissen" oder sollen wichtige Beiträge über den Beschluss hinaus festgehalten werden, wird das Ergebnisprotokoll zum Stichwortprotokoll erweitert. Es gibt so in etwa den Sitzungsverlauf wieder. Insbesondere kann später besser nachvollzogen werden, welche Argumente zu diesem Beschluss geführt haben. Das Stichwortprotokoll eignet sich erfahrungsgemäß für die Vereinsarbeit am besten.

13.5 Die rechtliche Bedeutung des Protokolls

Bei nicht eindeutiger Regelung in der Satzung entscheidet der Protokollführer über die Art des Protokolls. Ein ordnungsgemäß geführtes Versammlungsprotokoll sollte mindestens folgende Angaben enthalten:

- Ort, Tag und Stunde der Versammlung.
- Die Eröffnung durch den Versammlungsleiter mit der Feststellung, dass die Versammlung satzungsgemäß einberufen wurde und beschlussfähig ist.
- Die Zahl der erschienenen stimmberechtigten Mitglieder.
- Die Genehmigung der Tagesordnung.
- Die Berichte des Vereinsvorsitzenden, des Schatzmeisters, der Abteilungsleiter, der Rechnungsprüfer. (Diese können auch als Anlage beigefügt werden).
- Die Entlastung des Vorstands.
- Die Texte der zur Abstimmung gelangten Sachanträge.
- Die Art der Abstimmung mit dem genauen Abstimmungsergebnis (Anwesende stimmberechtigte Personen, Ja-Stimmen, Nein-Stimmen, Stimmenthaltungen, ungültige Stimmen, auch wenn die letzteren zwei bei der Ermittlung des Ergebnisses nicht mitgezählt werden).

- Bei Wahlen die Namen der Gewählten.
- Die Erklärung, dass diese die Wahl annehmen.

Die Verantwortung für den Inhalt des Protokolls hat in erster Linie der Versammlungsleiter, der auch zusammen mit dem Protokollführer das Protokoll einschließlich der Anlagen unterschreibt. Eventuell verlangt die Satzung die Unterschrift weiterer Personen.

Das Protokoll ist eine Privaturkunde und begründet, sofern unterschrieben, vollen Beweis dafür, dass die darin enthaltenen Erklärungen von den Ausstellern abgegeben sind (siehe hierzu § 416 ZPO). Das Protokoll muss nicht, um gültig zu sein, von einer Mitgliederversammlung (oder einem anderen Gremium) genehmigt werden. Es sei denn, die Vereinssatzung sieht dies ausdrücklich vor.

Das Protokoll sollte in der nächsten Mitgliederversammlung verlesen werden. Eine Änderung des Protokolls ist nur mit Zustimmung aller Unterzeichner möglich. Es ist ein besonderer Vermerk über die Änderung anzubringen und entsprechend zu unterschreiben. Mitglieder, die Fehler im Protokoll behaupten, müssen diese auch beweisen. Erst mit Fertigstellung des Protokolls beginnen die Fristen zur Anfechtung von Versammlungsbeschlüssen.

Einsicht in das Protokoll haben Vereinsmitglieder jedenfalls dann, wenn sie ein berechtigtes Interesse nachweisen. Es sei denn, die Satzung schreibt vor, jedem Mitglied vom Protokoll Kenntnis zu geben. Das Versammlungsprotokoll bildet für den Verein, seine Organe und Mitglieder eine gesicherte Grundlage der Vereinsarbeit. Das ordnungsgemäß geführte und unterschriebene Protokoll hat Beweiswert. (Siehe auch: „Lehmann, Protokollführung im Verein", aus diesem Heft stammt auch das nachfolgende Musterprotokoll).

14 Reden und Vorträge

14.1 Unangenehme Pflicht oder Routine

Für viele Vereinsvorstände ist es die unangenehmste Pflicht ihrer Vereinsarbeit: Reden oder Vorträge halten. Auch "Altgediente Hasen" bekommen noch immer vor Lampenfieber feuchte Hände und einen trockenen Hals. Ein Patentrezept zum Abbau dieser Symptome gibt es leider nicht. Eine gründliche Vorbereitung führt jedoch zu einer gewissen Sicherheit.

14.2 Welche Vortragsform wann?

14.2.1 Der Sachvortrag

Wollen Sie Ihren Zuhörern Daten und Fakten übermitteln, die objektiv und vollständig ein Bild von einem Sachverhalt wiedergeben, wählen Sie den Sachvortrag. Der Bericht des Vorstands und der Bericht der Kassenprüfer auf der Jahreshauptversammlung, die Information des Architekten über den Stand der Arbeiten am Vereinsheim sind Beispiele für den Sachvortrag. Da der Sachvortrag verständlich informieren und nicht überzeugen soll, sollten persönliche Meinungen möglichst unterbleiben.

Der Sachvortrag erfolgt aufgrund schriftlich vorbereiteter Unterlagen und kann durchaus verlesen werden. Dafür werden jedoch hohe Anforderungen an die Belegbarkeit der vorgetragenen Fakten gestellt.

14.2.2 Das Referat

Mit einem Referat wollen Sie Ihre Zuhörer überzeugen, sie sollen sich Ihrer Meinung anschließen. Neben der aus dem Sachvortrag bekannten Informationsvermittlung müssen Sie mit gelungenen Kommentaren und gekonnter Rhetorik Schwerpunkte setzen und Zusammenhänge aufzeigen. Die Zuhörer müssen erkennen, welches Ihr Standpunkt ist und dass Sie Ihre Auffassung uneingeschränkt vertreten. Üblicherweise wird ein Referat zur Diskussion gestellt, um den Zuhörern Gelegenheit zur Gegenrede oder zur Verstärkung zu geben.

Wenn Sie in Ihrer Mitgliederversammlung einen Beschluss zum Neubau eines Vereinsheims herbeiführen wollen, werden Sie in einem Referat durch Daten und Zahlen belegen, dass der Neubau erforderlich und zu finanzieren ist. Erfolg werden Sie jedoch nur haben, wenn Sie deutlich machen können, dass Sie und Ihre Vorstandskollegen sich ausgiebig mit der Materie befasst haben und voll zu dem Vorschlag stehen. Dabei werden Sie vielleicht noch einflechten, welche positiven Erfahrungen andere Vereine mit ihren Vereinsheimen gemacht haben.

14.2.3 Die Ansprache

Die Rede zum Festjubiläum, die Würdigung eines Vereinsjubilars oder die Ansprache zur Einweihung des Vereinsheims können Elemente des Referats haben, wenn auch an Fakten und Daten nicht die Ansprüche wie bei einem Referat gestellt werden. Überhaupt sollte bei einer Ansprache die Form zwangloser sein, um die Zuschauer nicht zu sehr zu beanspruchen. Wenn auch jedermann dafür Verständnis hat, dass Sie ein Manuskript benutzen, werden Sie Langeweile verbreiten, wenn Sie dieses wörtlich verlesen.

14.2.4 Die Gelegenheitsrede

Die aktuelle Situation bestimmt die Form der Gelegenheitsrede. Bei Grußworten zum Festkommers, Gratulationen zu Geburtstagen und Jubiläen stehen Personen, kleine gemeinsam erlebte Episoden, Bezüge zum Tage im Vordergrund. Wichtig sind die richtige Anrede (Namen richtig aussprechen) sowie die richtige Reihenfolge evtl. zu begrüßender Personen. Bei der Gelegenheitsrede wird von Ihnen der freie Vortrag erwartet. Sollte ein Spickzettel erforderlich sein, handhaben Sie Ihn unauffällig. (Eine Ausnahme: Bei der Grabrede ist ein Kurzmanuskript erlaubt)

14.3 Eine gute Vorbereitung gibt Sicherheit

Als langfristige Vorbereitung legen Sie sich eine Stoffsammlung zu den Themen an, die mit Ihrer Vereinsarbeit zu tun haben. Dies kann ein Zettelkasten sein, in dem auf Zetteln oder Karteikarten nur grob vorsortiert Gedanken, Zahlen und Fakten notiert werden, die Sie in einem Vortrag gebrauchen könnten. Je nach Neigung kann auch eine entsprechende Datei auf dem PC angelegt werden.

Die meisten Dachverbände der gemeinnützigen Vereine geben Jahresbroschüren heraus, die umfassendes statistisches Material enthalten. Als Bestandteil Ihrer Stoffsammlung aufbewahren. Zeitungsausschnitte mit wichtigen Informationen, Jubiläumsbroschüren (des eigenen aber auch anderer Vereine und Organisationen - auf dem Einband Seitenzahl der wichtigen Fundstellen notieren) enthalten Informationen, die später sicher einmal in einem Referat oder einer Ansprache verwendet werden können.

14.4 Wie baue ich einen Vortrag auf?

14.4.1 Der Anfang ist schwer

Auf die Einleitung, mit der Sie Ihren Vortrag beginnen, sollten Sie besonders viel Sorgfalt verwenden. Der erste Eindruck ist bei den Zuhörern der Wichtigste, aber auch den Vortragenden motiviert es, wenn er bei den einleitenden Sätzen bereits eine positive Resonanz unter den Zuhörern verspürt.

Auch hier gilt: Die Anrede muss korrekt sein. Wenn man Probleme mit den Namen und der Rangfolge hat, ist ein korrektes "Meine sehr verehrten Damen und Herren" immer richtig. Ihr eigentliches Thema können Sie in einer schon "bei den alten Römern" üblichen Art und Weise aufbauen:

- Wer und was;

- dafür und dagegen;

- Vergleiche, Beispiele und Beweise.

14.4.2 Wer und Was

Bedenken Sie, in welcher Funktion Sie zu wem sprechen (Vorsitzender zu Delegierten des Dachverbandes; Elternsprecher zu Jugendlichen; Jugendwart zu Spartenleitern). Dies hat Einfluss auf den Stil (von förmlich bis locker) und auf den Inhalt (sehr fachbezogen bis persönlich und motivierend) Ihres Vortrages.

Bestimmte Aussagen müssen zu dem von Ihnen gewählten Thema gemacht werden, andere können je nach Stimmung der Versammlung und nach der noch zur Verfügung stehenden Zeit eingefügt werden. Ist im Anschluss an Ihren Vortrag eine Diskussion vorgesehen, kann es ratsam sein, das eine oder andere gute Argument dafür zurückzuhalten. Es ist immer gut, wenn man noch einen Pfeil im Köcher hat.

14.4.3 Dafür und Dagegen

In diesem Bereich werden Sie genau analysieren, welche Argumente und Fakten für Ihren Vorschlag sprechen und welche dagegen. Gegenargumente müssen Sie nicht bringen, aber darauf vorbereitet sein. Wenn Sie auch die Gegenargumente vortragen (und dann entkräften wollen), stellen Sie sie an den Anfang, damit die Argumente für Ihr Anliegen bei den Zuhörern haften bleiben.

14.4.4 Vergleiche, Beispiele, Beweise

Es ist zwar ein alter Hut, die Überzeugungswirkung scheint jedoch nach wie vor ungebrochen: Das machen die anderen auch so (nicht so), das haben wir schon immer so (noch nie so) gemacht. Darum sollten Sie in Ihre Argumentationskette möglichst einflechten, wie es die anderen machen. Natürlich nur, wenn sie es so machen, wie Sie es vorhaben und wie es traditionell in Ihrem Verein gemacht wird. (z. B.: Auch unsere Vorgänger haben Investitionen nie gescheut: Denken Sie daran, wie viel stärker unsere Übungsstunden besucht wurden, nachdem das erste vereinseigene Klavier angeschafft wurde!)

Beweis zu führen ist natürlich schwieriger, als Vergleiche und Beispiele anzuführen. Bewährt haben sich statistische Belege: Die Sportart Tennis stand hinsichtlich Ihrer Mitgliederzahlen im Landessportbund Hessen an dritter Stelle nach Fußball und Turnen. Dieser Beweis dient als Argumentation für die Neueinrichtung der Sparte Tennis. Oder Sie legen Belege von als seriös anerkannten Institutionen vor: Nach dem hier vorliegenden Tilgungsplan unserer Hausbank ist das Darlehen zur Finanzierung der Tennisplätze in 10 Jahren zurückgezahlt (Tilgungsplan für alle sichtbar hochhalten).

Ob Sie alle diese genannten Punkte in Ihrem Vortrag oder Ihrer Rede verwenden sollten oder welche Reihenfolge Sie wählen, ist sicher irgendwann eine Frage der individuellen Erfahrung. Aber es ist leichter - und beruhigender – ausreichend vorbereitet zu sein und dann eventuell zu kürzen, als in kritischen Situationen zu improvisieren.

14.4.5 Ende gut, alles gut

Auf einen ordentlichen Schluss können Sie jedoch nicht verzichten. Fassen Sie Ihren Vortrag noch einmal kurz zusammen und heben Sie dabei Ihre Hauptaussage deutlich hervor. (Ohne erneute Begründung!) Das eigentliche Schlusswort sollte nicht länger als zwei Sätze sein: Bedanken Sie sich bei Gastgeber oder Versammlungsleiter für die Gelegenheit, Ihren Vortrag zu halten und bei den Zuhörern für Ihre Aufmerksamkeit.

15 Wenn einem nichts mehr einfällt

15.1 Viele Probleme und keine Lösung

Haben Sie eine der folgenden Situationen so oder so ähnlich in Ihrem Verein schon erlebt: Die Übungsabende werden schlecht besucht. Die Nachwuchsarbeit liegt im Argen. Das sommerliche Grillfest Ihres Vereins wird nur noch von den Organisatoren und Ihren Familienangehörigen besucht? Über die negative Entwicklung wird in den Vorstandssitzungen heftig und engagiert diskutiert, viele Vorschläge werden gemacht, durchleuchtet und wieder verworfen? Zu einem einheitlichen Lösungsvorschlag kommt es nicht. Die Teilnehmer der Sitzung gehen frustriert nach Haus.

Nicht dass Sie meinen, diese Situation sei nur in Ihrem Verein möglich, sie ist nicht einmal vereinstypisch, sondern kommt sogar in etablierten Unternehmen vor. Als Lösungsansatz hat die Wissenschaft schon vor einigen Jahren eine große Anzahl sogenannter Kreativitätstechniken entwickelt, von denen hier zwei vorgestellt werden sollen, die nach geringer Vorbereitungszeit und ohne größeren Sachaufwand auch im Verein angewandt werden können.

15.2 "Brainstorming" hilft

Das "Brainstorming" heißt frei und dabei treffend übersetzt Gedankensturm und sollte auch im Sinne dieses Wortes gebraucht werden. Es ist eine Kreativitätsmethode, die bei richtiger Anwendung und günstiger Zusammensetzung des Teilnehmerkreises fast immer zu überraschend positiven Ergebnissen führt. Wie gehen Sie dabei vor?

Zunächst ist der Teilnehmerkreis festzulegen, der sich aus dem zu behandelnden Thema und den Vereinsstrukturen ergibt. Das Thema, es soll in unserem Beispiel das misslungene Grillfest sein, wird den Teilnehmern in der Einladung mitgeteilt. Um im Vorfeld die Gefahr des Zerredens auszuschalten, nennen Sie jedoch keine Einzelheiten und deuten keine Lösungsvorschläge an. Der Teilnehmerkreis wird bei diesem Thema der Vereinsvorstand und/oder der

Festausschuss sein, eventuell um weitere Mitglieder ergänzt. Insgesamt sollte die Anzahl von 10 Teilnehmern nicht überschritten werden.

Zu Beginn der Sitzung erklären Sie, was Sie von den Teilnehmern erwarten:

- Möglichst viele und auch verrückte Ideen, interessante und auch ausgefallene Vorschläge!

- Ideen anderer Teilnehmer können und sollten aufgegriffen und weiterentwickelt werden!

- Jede Kritik, auch jede Selbstkritik, an den Ideen und Vorschlägen ist VERBOTEN!

Sorgen Sie dafür, dass sie während der Sitzung nicht gestört werden (Getränke auf Vorrat bereitstellen).

Schreiben Sie jetzt das Thema "Wie können wir erreichen, dass unser sommerliches Grillfest von mehr Vereinsmitgliedern besucht wird?" an eine Tafel oder auf einen Flipchart. Wenn beides nicht vorhanden, genügt auch ein großes Stück Papier oder Pappe, das für alle sichtbar an die Wand geheftet wird. Jetzt können Sie die Gedanken stürmen lassen. Als Zeitlimit ist etwa 30 Minuten anzusetzen, danach gehen erfahrungsgemäß auch dem Kreativsten die Ideen aus.

Versuchen Sie, die Ideen mit einem Filzschreiber auf Pappkärtchen (etwa Postkartengröße - gibt es im Papierwarenhandel) zu notieren und zum Thema an die Wand zu heften oder für die Teilnehmer gut sichtbar auf dem Tisch auszulegen. So gehen keine Ideen und Vorschläge verloren und sie können besser weiterentwickelt werden. Vielleicht kann Ihnen bei dieser Tätigkeit ein Co-Moderator helfen.

Nach Ablauf Ihres Zeitlimits unterbrechen Sie die Sitzung und versuchen, gemeinsam mit den Teilnehmern die Ideen und Vorschläge zu sortieren und zu Gruppen zusammenzufassen. Bei unserem Beispiel könnte dies sein:

A) Das Grillfest soll durch Umorganisation attraktiver werden (schönere Grillhütte mit besserem Komfort o. ä.).

B) Das Grillfest soll durch andere Aktivitäten ergänzt werden (z. B. zunächst eine Wanderung mit dann anschließendem Grillfest).

C) Das Grillfest soll entfallen zugunsten anderer Veranstaltungen (z. B. Sommerfest mit Tanz).

Sie sehen an diesem so in einem Verein erlebten Beispiel, dass durch das Entfalten von Kreativität viele neue Ideen möglich sind: Die Variante B) wäre in einer "normalen" Diskussion sicher von vornherein abgeblockt werden. (Hatten wir schon; ist im Nachbarverein auch schief gegangen).

Nach dieser Systematisierung ist nun der Zeitpunkt der Bewertung und Kritik gekommen. Lassen sich die Vorschläge umsetzen? Finden sich genügend Helfer? Usw.

15.3 Weniger stürmisch: "635"

Eine mehr formalisierte Methode des Brainstormings ist die so genannte "Methode 635", die für Themen den Vorzug erhält, die spezialisierter sind. Da die "Methode 635" in schriftlicher Form abläuft, müssen die Teilnehmer nicht unbedingt zusammenkommen, sondern können Ihre Vorschläge im "Umlaufverfahren" zu Papier bringen.

Die "Methode 635" bedeutet, dass 6 Teilnehmer je ein Blatt Papier erhalten, auf dem sie zu dem vorgegebenen Thema jeweils 3 Ideen oder Vorschläge notieren. Das Blatt wandert dann zum folgenden Teilnehmer, der die Ideen des Vormannes aufgreift und weitere 3 Ideen niederschreibt. Insgesamt wird jedes Blatt somit 5-mal weitergereicht.

Beispiel zum Thema „Verbesserung der Jugendarbeit:

Teilnehmer	Idee 1	Idee 2	Idee 3
A	Eigenes Freizeitheim.	Hauptamtliche Betreuer.	Zusammenarbeit mit der Schule verbessern.
B	Ferienlager veranstalten.	Mitarbeiter über Arbeitsamt einstellen.	Lehrer für Mitarbeit im Verein gewinnen.
C	Ferienlager mit anderen Vereinen.	Qualität der Betreuer verbessern.	Vereinssprechstunden in der Schule.
D	Zeltlager veranstalten.	Betreuer zu Weiterbildungsseminaren schicken.	Lehrer mehr ansprechen.
E	Stadtjugendpfleger mit Jugendheim in Vereinsarbeit einbinden.	Eltern stärker in Betreuung einbinden.	Bei Lehrern auf Beiträge verzichten.
F	Freizeitheime öffentlicher Institutionen nutzen.	Elternbeirat bilden.	Schnupperkurs für Schüler, die nicht im Verein sind.

In diesem Beispiel sind eine Vielzahl guter Ansätze erkennbar. Und, es handelt sich nur um eine von insgesamt sechs Ideensammlungen!

Die "Methode 635" eignet sich übrigens auch zur Entwicklung eigener Ideen: Statt die Aufgabe sechs Teilnehmern nacheinander vorzulegen, beschäftigen Sie sich selbst an sechs aufeinanderfolgenden Tagen mit dem Thema und schreiben jeweils drei neue Vorschläge hinzu; Sie werden vom Ergebnis überrascht sein!

Und noch ein Tipp: Da die "Methode 635", wie beschrieben, nicht zwingend eine gemeinsame Sitzung verlangt, können Sie hervorragend die Vereinsnörgler, die außer zur Jahreshauptversammlung nie Zeit zur Mitarbeit haben, in eine Problemlösung einbinden!

16   Die Mitglieder des Vereins

16.1   *Welchen Stellenwert hat der Verein*

16.1.1 Eine selbstkritische Hinterfragung

Ihre Vereinskonzeption muss erfolgsorientiert, aber auch mitgliederorientiert sein. Die Identifikation des Vereinsmitglieds mit den Grundsätzen und Zielen des Vereins ist wesentlich für den Bestand Ihres Vereins.

Wie schon zum Thema Vorstandsarbeit können Sie auch dieses Thema mit einer selbstkritischen Analyse beginnen, indem Sie die folgenden Fragen beantworten und die erreichte Punktzahl addieren:

- Sind die Zuständigkeiten im Verein schriftlich fixiert? (Ja = 8 Punkte; Nein 2 Punkte)

- Gibt es häufig Streitigkeiten über Verantwortungsbereiche? (3 : 7)

- Werden übernommene Verpflichtungen häufig kurzfristig abgesagt? (2 : 8)

- Ist bekannt, welche Mitglieder unter welchen Voraussetzungen zu einer Mitarbeit bereit wären? (9 : 1)

- Machen die Mitglieder häufiger Verbesserungsvorschläge? (6 : 4)

- Ist den Mitgliedern die wirtschaftliche Situation des Vereins bekannt? (7 : 3)

- Werden Problemsituationen innerhalb der zuständigen Gremien ausdiskutiert? (8 : 2)

- Empfehlen die Mitglieder den Verein weiter? (9 : 1)

- Werden Verantwortung und Kompetenzen aus dem Vorstand hinausgegeben? (8 : 2)

- Ist den ehrenamtlichen Helfern und Verantwortlichen der Zusammenhang zwischen ihrer Arbeit und den Vereinszielen klar? (6 : 4)

- Sind die Verantwortungsbereiche klar definiert und abgegrenzt? (7 : 3)

- Haben Sie schon erleben müssen, dass Verantwortliche oder sonstige Mitglieder in Abwesenheit kritisiert werden? (4 : 6)

- Werden Mitglieder von Vorstand oder Übungsleitern in Gegenwart anderer kritisiert? (1 : 9)

- Werden Verbesserungsvorschläge und Anregungen seitens der Mitglieder bereits im Ansatz zurückgewiesen? (2 : 8)

- Sind die Mitglieder bereit, Vorschläge des Vorstands zu überdenken? (7 : 3)

Haben Sie mehr als 100 Punkte erreicht, können Sie davon ausgehen, dass den Mitgliedern Ihres Vereins das Mitmachen Spaß und Freude macht, wenn vielleicht auch noch Einiges zu verbessern ist.

Weniger als 80 Punkte sind dafür schon recht kritisch, es gibt noch einiges zu tun in Ihrem Verein!, denn:

Es ist heute ein allgemein anerkannter Tatbestand, dass der Erfolg eines Vereins im Wesentlichen vom Vorstand und!! der Bereitschaft der Mitglieder, sich im Verein zu engagieren, abhängt. Auch in einer schwierigen Phase sollten Sie sich Zeit für eine gründliche Analyse Ihres Vereins lassen.

16.1.2 Die Analyse der Mitgliederstruktur

Zur Analyse der Mitgliederstruktur Ihres Vereins eignet sich sehr gut eine Matrix. Die Aussagen, die hieraus gewonnen werden können, beziehen sich zum einen auf die Zukunftsperspektiven - Anteil der jüngeren bzw. älteren Vereinsmitglieder- zum anderen auf den Grad der Einbindung dieser Mitglieder in die Aktivitäten des Vereins. Passive Mitglieder sind stärker "abwanderungsgefährdet" als aktive.

Aus dieser Matrix lassen sich aber auch Rückschlüsse auf die finanziellen Perspektiven Ihres Vereins ziehen. Wettkampfsport mit jüngeren Mitgliedern lässt sich i. d. R. nicht aus deren Beiträgen nicht finanzieren. Hingegen tragen Beitragszahler, die die Leistungen des Vereins nicht in Anspruch nehmen, zur besseren Ausstattung der Kasse bei.

In diesem Fall handelt es sich um einen Sportverein, der Badminton und Fußball im Angebot hat.

16.1.3 Rückschlüsse ziehen

Erfreulich sind zunächst einmal der hohe Anteil der aktiv am Wettkampfsport teilnehmenden Sportler sowie das von 72 Mitgliedern angenommene Freizeitsportangebot. Der Anteil von 64 passiven Mitgliedern scheint die finanzielle Basis des Vereins zu sichern. Die Struktur der passiven Mitglieder, die Mehrzahl ist unter 40 Jahre alt, ist jedoch äußerst bedenklich, da man in diesem Alter im Sportverein Mitglied ist, um auch Sport zu treiben. Ohne entsprechendes Angebot drohen Vereinsaustritte. (Grund für diese Struktur: Dem

Verein standen Hallenzeiten nicht mehr zur Verfügung, sodass Übungsabende für Badminton gestrichen wurden. Hiervon war insbesondere die Freizeitgruppe mit vielen weiblichen Mitgliedern betroffen). Aus dieser Matrix lassen sich also zwei Ziele ableiten:

- Es muss dringend ein Übungsraum für die Badminton-Freizeitgruppe gesucht werden.

- Der Anteil der passiven (und bewusst "fördernden" Mitglieder muss erhöht werden. (Zielgruppe: Die Eltern der Sport treibenden Jugendlichen).

16.2 Was denken die Mitglieder?

16.2.1 Ein Thema der Vorstandssitzung

Wenn auch die Analyse der Mitgliederstruktur Ihnen sicherlich wertvolle Anregungen gibt die Vereinsarbeit zu verbessern, parallel dazu sollten Sie die Mitglieder turnusmäßig über ihren Zufriedenheitsgrad und ihre Einstellung zu ihrem Verein befragen.

Zum einen bekommen Sie dadurch wertvolle Informationen, zum anderen erkennen die Mitglieder, dass man sich um sie bemüht und auf ihre Meinung Wert legt. Setzen Sie von Zeit zu Zeit dieses Thema auf die Tagesordnung Ihrer Vorstandssitzung. Eventuell können Arbeitskreise - zielgruppenorientiert - in diese Gespräche einbezogen werden. Eine Mitgliederversammlung mit dem Charakter eines geselligen Beisammenseins kann, gut vorbereitet, deutliche Impulse geben.

16.2.2 Die Mitgliederbefragung

Ideal, wenn auch mit erheblichem Arbeitsaufwand verbunden, ist eine schriftliche Mitgliederbefragung. Der folgende Musterfragebogen kann Ihnen Anregungen geben. Dabei sollten Sie sich auf eine Auswahl Ihnen besonders wichtig erscheinender Fragen beschränken, sonst wird der Aufwand für die Auswertung der Bögen zu groß.

Fragebogen zur Mitgliederbefragung

Liebes Vereinsmitglied,

Wir, der Vorstand des TUS F ..., sind davon überzeugt, dass unser Verein seine ihm nach der Satzung gestellten Aufgaben erfüllt, in vielen Bereichen sogar ausgesprochen erfolgreich. Trotzdem möchten wir auch von Ihnen wissen, ob Sie mit Ihrem Verein zufrieden sind, oder wo Sie sich Verbesserungen wünschen. Wir dürfen Sie daher bitten, diesen Fragebogen auszufüllen, indem Sie Ihre Antwort auf die gestellten Fragen in den Kästchen ankreuzen. Der Zeitaufwand dürfte10 Minuten nicht überschreiten. Selbstverständlich werden alle Fragebogen anonym ausgewertet.

Sagen Sie uns bitte zunächst, warum Sie sich für unseren Verein entschieden haben:

1. Auf Empfehlung von Freunden.

2. Durch meine Eltern oder Geschwister.

3. Auf Empfehlung meines Lehrers.

4. Habe Veranstaltungen des Vereins besucht, die mir gefallen haben.

5. Durch Zufall.

6. Meine Sportart wird in unserer Stadt nur in diesem Verein angeboten.

7. Als förderndes Mitglied möchte ich dem Verein helfen.

Auf welche Art und wie häufig nehmen Sie am Vereinsleben teil:

(Abstufung nach regelmäßig, selten, nie).

1. Ich besuche die Trainings/Übungsstunden.

2. Ich bin aktives Mitglied einer Mannschaft.

3. Ich betreibe Freizeitsport (z. B. Sportabzeichen).

4. Ich besuche die Mitgliederversammlungen/ Abteilungsversammlungen.

5. Ich besuche sportliche Veranstaltungen als Zuschauer.

6. Ich gehe zu Grillabenden, Weihnachtsfeiern, Faschingsveranstaltungen dieses Vereins.

Jeder Verein hat seine besonderen Eigenschaften. Welche von den jetzt genannten treffen besonders auf den TuS F ... zu?

(Abstufung nach: Ja - zum Teil - Nein)

1. Unser Verein bietet gute Trainingsmöglichkeiten.

2. Im Verein treffe ich überwiegend nette und sympathische Menschen.

3. Der Verein tut viel für die Frauen.

4. Die Vereinsführung ist in Ordnung.

5. Als Mitglied bin ich im Verein gut aufgehoben.

6. Die Jugendarbeit ist vorbildlich.

7. Der Verein hat in der Öffentlichkeit ein hohes Ansehen.

8. Der Verein engagiert sich im öffentlichen Leben unserer Stadt.

9. Die Trainer/Übungsleiter des Vereins sind gut ausgebildet.

10. Der Verein ist überdurchschnittlich aktiv.

11. Der Verein wird oft in der Zeitung erwähnt.

12. Plakate sind mir schon häufiger im Stadtbild aufgefallen.

Wie steht's mit der Zusammenarbeit im Verein - zum einen der Mitglieder untereinander - zum anderen zwischen Vorstand / Abteilungsvorstand und den Mitgliedern?

(Aussage trifft zu; Abstufung nach Ja - zum Teil - Nein).

1. Talentierte Sportler werden gefördert.

2. Der Vorstand bindet viele Mitglieder in die Vereinsarbeit ein.

3. Die Abteilungsleitung geht auf die Probleme der aktiven Sportler ein.

4. Es wird mehr miteinander als übereinander geredet.

5. In Mitglieder- oder Abteilungsversammlungen hat jeder ausgiebig Gelegenheit, seine Meinung zu sagen.

6. Neue Mitglieder werden gut aufgenommen und betreut.

7. Es herrscht ein guter Teamgeist.

Der Verein lebt von der Bereitschaft seiner Mitglieder, ehrenamtliche Funktionen zu übernehmen. Dazu die folgenden Fragen: (Abstufung nach Ja - zum Teil - nein)

1. Ich setze mich für den Verein voll ein.

2. Ich bin bereit, mehr Verantwortung als bisher zu übernehmen.

3. Meine Leistungen für den Verein werden anerkannt.

4. Auch im Verein sollte für Leistungen der Funktionäre gezahlt werden, das ehrenamtliche Element ist überholt.

Haben Sie den Eindruck, dass unser Verein gut durchorganisiert ist, oder sind zu viele Reibungsverluste zu beklagen? (Abstufung nach Ja - Zum Teil - Nein)

1. Der Verein ist gut durchorganisiert.

2. Ich weiß, wer im Vorstand für welche Aufgaben zuständig ist.

3. Wir besprechen in unserer Sparte/ Abteilung, welche Ziele wir im kommenden Jahr erreichen wollen.

4. Nach meiner Erinnerung ist im letzten Jahr kein Übungsabend wegen schlechter Beteiligung abgesagt worden.

5. Zu den Wettkämpfen sind die Mitglieder einer Mannschaft immer pünktlich zur Stelle.

Welche Bedeutung hat unser Verein für Sie, für Ihre Freizeitgestaltung? (Abstufung nach: Trifft voll zu - Trifft zum Teil zu - Ist so nicht richtig)

1. Ich fühle mich im Verein so richtig wohl.

2. Einen großen Teil meiner Freizeit verbringe ich im Verein.

3. Ich kann mir nicht vorstellen, den Verein zu wechseln.

Und jetzt noch ein paar Fragen zur Person:

Meine Sparte/ Abteilung

Mein Alter - 18.

19 - 35.

über 35.

Männlich / Weiblich

Wir sind auf Anregungen und Vorschläge zur Verbesserung der Vereinsarbeit angewiesen. Bitte nutzen Sie diese Möglichkeit: Schreiben Sie hier in Kürze ein oder zwei Punkte auf, die im Verein anders und vielleicht besser gemacht werden sollten.

16.2.3 Anregungen für die Vereinsführung

Aus den Antworten lässt sich sicherlich einiges für die zukünftige Vorstandsarbeit ableiten:

- Empfehlen die Vereinsmitglieder unseren Verein weiter?

- Werden die angebotenen Veranstaltungen wirklich besucht, oder haben wir uns durch den Augenschein täuschen lassen?

- Wie sehen unsere Mitglieder den Verein - Ist dies deckungsgleich mit unserer Selbsteinschätzung?

- Stimmt die Zusammenarbeit?

- Können weitere Mitglieder für ehrenamtliche Tätigkeiten gewonnen werden?

- Welchen Stellenwert hat der Verein für unsere Mitglieder? Stimmen die Antworten mit den Einschätzungen des Vorstands überein?

Auch die frei formulierten Antworten und Vorschläge sollten Sie ernsthaft auf ihre Verwendbarkeit hin überprüfen. Gemeinsame Entwicklung von Lösungskonzepten und Aufzeigen von spezifischen Problemlösungen tragen verstärkt zu einem vollen Vertrauen in die Leistungsfähigkeit des Vereins bei. Vorschläge, die zunächst Mehrarbeit und Kosten verursachen - z. B. Aufnahme neuer Sparten oder Initiativen im Jugendbereich - können langfristig durch positive Auswirkungen eine Umsetzung rechtfertigen. Auch wenn der Misserfolg einer Aktion Ihnen sicher erscheint, lohnt nicht der Motivationsschub für die vorschlagende Gruppe einen Versuch?

16.2.4 Stichproben genügen

Um einen Überblick über die Stimmungen im Verein zu bekommen, müssen Sie nicht alle Mitglieder befragen. Bereits ab 80 Fragebogen von nach dem Zufallsprinzip, z. B. jedes 10. Mitglieder der Mitgliederliste, ausgewählten Mitgliedern erhalten Sie eine brauchbare Tendenzaussage, ab 300 Antworten können Sie nahezu sicher sein, dass die Struktur der Antworten der tatsächlichen Situation entspricht.

16.3 Mitglieder motivieren

16.3.1 Anerkennung und Kritik

Ein wichtiges Grundbedürfnis des Menschen ist es, Erfolg zu haben. Häufig ist dies auch die Triebfeder für die Vereinsarbeit. Als Vorstand eines Vereins sollten Sie daher besondere Leistungen der Vereinsmitglieder, sei es in der Vereinsarbeit oder auf Wettkampfebene zur Kenntnis nehmen, honorieren und publizieren. Lob und Anerkennung müssen offen und ehrlich ausgesprochen werden - sie müssen vom Mitglied auch so empfunden werden.

Alle ehrenamtlichen Helfer sollten als kompetent in ihrer Aufgabe behandelt werden. Ist einmal Kritik erforderlich, muss sie sich auf die Sache und nicht auf die Person beziehen.

16.3.2 Teamarbeit unter den Mitgliedern

Entscheidender Erfolgsfaktor für erfolgreiche Vereine ist die Einbindung möglichst vieler Mitglieder in die Vereinsarbeit. Durch die Bildung von Arbeitskreisen und den ständigen Versuch, Lösungen im Team zu suchen, erreichen und motivieren Sie viele Mitglieder.

Wichtig bei der Teamarbeit ist, nicht nur bei eindeutig besseren Vorschlägen der "anderen Seite", sondern auch bei scheinbar nicht zu Ende gedachten Vorschlägen im Interesse des Teamerfolgs nachzugeben.

16.3.3 Keine Klüngel Bildung

Leicht bilden sich Klüngel, die für sich ungeschriebene Rechte beanspruchen (Um diese Zeit spielen wir immer auf Platz 4 Tennis, auch wenn wir uns nicht eingetragen haben).Versuchen Sie Gruppenbildungen im Verein aufzulösen, indem Sie ein offenes Gespräch mit den Beteiligten führen (Die Wirkung ihrer Handlungsweisen wird manchen erst dadurch klar)

16.4 *Information bringt Motivation*

16.4.1 Vereinsinterne Informationspolitik

Neben der Wirkung der externen Öffentlichkeitsarbeit erreichen Sie durch eine gute nach innen gerichtete Selbstdarstellung des Vereins ein positives Vereinsklima und eine vertrauensvolle Atmosphäre. Ihr Anliegen muss es sein, die Fragen und Probleme zu behandeln, die für die Mitglieder und Funktionsträger von Bedeutung sind, indem Sie einen regelmäßigen Informationsfluss sicherstellen. Wichtige

Aktivitäten, vorgesehene Veränderungen und insbesondere personelle Angelegenheiten sollten die Betroffenen von der Vereinsführung als Erste erfahren.

So vernichten Sie den Nährboden für Unzufriedenheit, Missverständnisse und Misstrauen und schaffen ein sachliches Klima und Voraussetzungen für konstruktive Lösungen. Die Wirkung Ihrer Öffentlichkeitsarbeit wird optimal, wenn Sie den Mitgliedern Ihres Vereins Gelegenheit zur Rückäußerung geben.

16.4.2 Information: Viele Möglichkeiten

Welche dieser Möglichkeiten Sie wählen, hängt sicherlich ab von der Größe Ihres Vereins und von dem Arbeitsaufwand, den Sie investieren können. Wichtig ist ebenfalls, die Zielgruppe, die Sie erreichen wollen, vorher genau einzugrenzen.

Die Vor- und Nachteile kurzgefasst:

16.4.2.1 Schwarzes Brett

- Zielgruppe: Aktive Mitglieder.

- Vorteile: Geringer Arbeitsaufwand.

- Nachteile: Begrenzter Platz für Informationen; wird nur von einigen Mitgliedern gelesen.

- Hinweis: Auf einen guten Standort achten. (Parkmöglichkeiten); Der Schaukasten für Ihre externe Öffentlichkeitsarbeit richtet sich an eine andere Zielgruppe!

16.4.2.2 Versammlungen

- Zielgruppe: Alle Mitglieder oder ein Teil davon (Alle Jugendlichen; Mitglieder einer Sparte).

- Vorteile: Direkte Kommunikationsmöglichkeiten mit Rückäußerungsmöglichkeiten der Teilnehmer.

- Nachteile: Anzahl pro Jahr begrenzt; erreicht nur die ohnehin aktiven Mitglieder.

- Hinweis: Berichte zu den Leistungen des Vereins dürfen nicht in der allgemeinen Tagesordnung untergehen!

16.4.2.3 Sitzungen der Vereinsgremien

- Zielgruppe: Mitglieder der Gremien.

- Vorteil: Die einflussreichsten Mitglieder werden erreicht (i. d. R. sind dies die Meinungsbilder) Rückäußerungsmöglichkeiten ideal.

- Nachteil: Nur wenige Mitglieder werden erreicht.

- Hinweis: Darf nicht in der allgemeinen Tagesordnung untergehen!

16.4.2.4 Besuch der Übungsstunden durch den Vorstand

- Zielgruppe: Die aktiven Mitglieder.

- Vorteil: Direktes Gespräch mit den Betroffenen - persönliche Betreuung.

- Nachteil: Hoher Zeitaufwand.

16.4.2.5 Rundschreiben

- Zielgruppe: Alle Vereinsmitglieder oder bestimmte Gruppen (Alle Übungsleiter; Die Eltern der jugendlichen Mitglieder).

- Vorteile: Kann sehr zielgerichtet eingesetzt werden; vertretbarer Arbeitsaufwand; Rückäußerungen durch beigefügte Antwortkarten möglich.

- Nachteile: Portokosten und / oder hoher Verteilungsaufwand.

16.4.2.6 Vereinszeitung

- Zielgruppe: Alle Mitglieder.

- Vorteile: Erreicht alle Mitglieder; durch Anzeigenverkauf eventuell finanzieller Überschuss.

- Nachteile: Hoher Arbeitsaufwand; Kostenrisiko.

16.4.2.7 Newsletter

- Zielgruppe: Alle Mitglieder mit E-Mail-Adresse.

- Vorteile: Geringer Kostenaufwand.

- Nachteile: Nicht alle Mitglieder haben eine E-Mail Adresse.

16.4.2.8 Mitgliederbefragung

- Zielgruppe: Alle Mitglieder oder ein Teil davon (Auswahl nach dem Zufallsprinzip).

- Vorteile: Alle Mitglieder werden aktiv in die Vereinsarbeit eingebunden.

- Nachteile:

- Hoher Arbeits- und Kostenaufwand.

- Hinweis: Siehe gesonderte Ausführungen.

- Zielgruppe: Alle Mitglieder (pro Familie ein Bericht).

- Vorteile: Alle Mitglieder können sich über das Vereinsleben informieren und werden zumindest "passiv" in das Vereins-leben eingebunden.

- Nachteile: Hoher Arbeits- und Kostenaufwand.

- Hinweis: Eine einmal gewählte Form sollte beibehalten werden.

16.4.2.9 Homepage

- Zielgruppe: Alle Mitglieder mit Internetanschluss Vorteil: Alle Mitglieder mit Internetanschluss, auch die weiter entfernt wohnenden, könne zeitnah informiert werden. Geringer Kostenaufwand.

- Nachteil: Nicht alle Mitglieder verfügen über einen solchen Anschluss. Seite muss aktuell sein.

- Hinweis: Möglichst per E-Mail auf neue Inhalte hinweisen. Bei jeder Beitrittserklärung sollte daher auch die E-Mail-Adresse abgefragt werden.

17 Datenschutz Grundverordnung (DSGVO)

Der Datenschutz ist hohes Gut, dass auch bisher in den Vereinen einen angemessenen Stellenwert hatte. Durch die DSGVO wird das Ganze nun in ein sehr formelles Korsett gezwängt, das nicht nur für kleine Vereine eine neue Belastung darstellt.

17.1 Gilt uneingeschränkt für Vereine

Seit dem 25 Mai 2018 ist die Datenschutz-Grundverordnung (DSGVO) in Deutschland geltendes Recht. Ebenso wurde das Bundesdatenschutzgesetz angepasst.

Da jeder Verein ganz oder teilweise automatisiert personenbezogene Daten seiner Mitglieder oder externer Personen verarbeitet, gilt die Datenschutz Grundverordnung uneingeschränkt auch für Vereine, egal ob es sich um einen eingetragenen oder einen nicht eingetragenen Verein handelt. Auch schon eine handschriftlich geführte Mitgliederdatei gilt als Verarbeitung personenbezogener Daten.

17.2 Personenbezogene Daten

Die DSGVO gilt für alle Personenbezogene Daten jedweder Art, also für Schrift, Bild oder Tonaufnahmen.

Persönliche Daten: Name, Anschrift und Geburtsdatum, Familienstand, Zahl der Kinder, Nationalität, Religionszugehörigkeit, Behinderungen, Krankheiten u.s.w.

Sachliche Daten: Beruf, Telefonnummer, E-Mail-Adresse, Anschrift, Eigentums oder Besitzverhältnisse, persönliche Interessen, Mitglied in Organisationen, Datum des Vereinsbeitritts, sportliche Leistungen, Platzierung bei einem Wettbewerb und dergleichen.

17.3 Organisatorische Maßnahmen

Organisatorisch kann man die Aufgaben des Vereins so einteilen:

Achten Sie darauf, dass Sie eine Rechtsgrundlage für die Erfassung der Daten haben, idealerweise eine schriftliche Einwilligung.

Erklären Sie in geeigneter Weise, wofür sie die Daten erfassen.

Erfassen Sie nur Daten, die sie auch wirklich für ihre Vereinsarbeit benötigen.

Stellen sie sicher, dass nur die Personen Zugriff haben, die die Daten für jeweilige Tätigkeit verwenden.

Schützen Sie die Daten vor missbräuchlicher Verwendung.

Löschen Sie die Daten, wenn sie diese nicht mehr benötigen. Geben sie den Termin der Löschung, wenn möglich, bei Erfassung bekannt.

17.4 Verarbeitung der erfassten Daten

17.4.1 Fast Alles

als Verarbeitung gelten das Erheben, Erfassen, Verwenden, Offenlegen, Verbreiten, Abgleichen und das Löschen sowie das Vernichten von Daten. Die Dateien werden genutzt für die Verwaltung und

Betreuung der Vereinsmitglieder. Auch bei Weitergabe an eine Serviceorganisation, z.B. Steuerberater. Bei der Datenübermittlung werden die Daten innerhalb eines Vereins oder an den zugehörigen Dachverband weitergegeben.

17.4.2 Dateisystem:

Ein Dateisystem ist jede strukturierte Sammlung personenbezogener Daten, die nach bestimmten Kriterien zugänglich sind, unabhängig davon, ob die Sammlung zentral, dezentral oder sonstigen Kriterien geordnet ist.

17.4.3 Auftragsverarbeiter:

Auftragsverarbeiter ist die Person, die die personenbezogenen Daten im Auftrag des Verantwortlichen verarbeitet. Im Verein sind dies in der Regel der Geschäftsführer, der Schatzmeister oder, wenn zum Beispiel die Buchführung extern vergeben wird, ein Steuerberater oder eine Buchführungsstelle.

Auch Mitgliederdaten unterliegen dem Datenschutz. Sie sind durch gängige Schutzmaßnahmen (z.B. PC-Passwörter) zu sichern.

17.5   Wann dürfen Daten erhoben werden

17.5.1 Rechtsgrundlage

Der Verein darf nach § 4 Abs. 1 BDSG personenbezogene Daten nur erheben, verarbeiten oder nutzen, wenn eine Vorschrift des Bundesdatenschutzgesetzes oder eine sonstige Rechtsvorschrift dies erlaubt oder soweit der Betroffene eingewilligt hat.

Rechtsgrundlagen für den Verein sind

Die Satzung

Eine Vereinsordnung (Die Datenschutzordnung)

Die persönliche Einwilligung des Betroffenen

17.5.2 Satzung

Die Mitgliedschaft in einem Verein ist als Vertragsverhältnis zwischen den Mitgliedern und dem Verein anzusehen, dessen Inhalt im Wesentlichen durch die Vereinssatzung und sie ergänzende Regelungen (z.B. Vereinsordnung) vorgegeben wird. Aus dem Vertragsverhältnis folgt, dass der Verein die für die Erfüllung seiner Vereinsziele notwendigen Daten erheben kann.

Bei der Erhebung, Verarbeitung und Nutzung von Daten ist das Persönlichkeitsrecht seiner Mitglieder angemessen zu berücksichtigen. Alle Daten, die erforderlich sind um den Verein zu führen können erhoben werden. Das sind zunächst einmal der Name und die Adresse. Wenn sie nach Alter gestaffelte Mitgliedsbeiträge haben müssen Sie natürlich auch die Geburtsdaten erfassen. Ihre Satzung sieht den Bankeinzug vor. Also brauchen Sie die Bankverbindung mit dem Einverständnis zum Einzug der Mitgliedsbeiträge.

Der Verein darf die verfassungsrechtlichen Rechte und die Datenschutz Grundrechte der Mitglieder nicht durch Satzungsformulierungen aushebeln.

17.5.3 Datenschutzordnung als Vereinsordnung

Den Verein trifft die Pflicht, die Grundzüge der Datenerhebung, -verarbeitung und -nutzung schriftlich festzulegen. Entsprechende Datenschutzregelungen können entweder in die Vereinssatzung aufgenommen oder in einem gesonderten Regelwerk niedergelegt werden.

Für Letzteres gibt es keine feste Bezeichnung; Am gebräuchlichsten sind noch die Begriffe „Datenschutzordnung", „Datenschutzrichtlinie" oder „Datenverarbeitungsrichtlinie". Die Datenschutzordnung kann, wenn die Vereinssatzung nichts anderes bestimmt, vom Vorstand oder von der Mitgliederversammlung beschlossen werden und muss nicht die Qualität einer Satzung haben.

Es ist empfehlenswert, sich beim Aufbau der Datenschutzregelungen am Weg der Daten von der Erhebung über die Speicherung, Nutzung, Verarbeitung (insbesondere Übermittlung) bis zu ihrer Sperrung und Löschung zu orientieren. Dabei ist jeweils konkret festzulegen, welche Daten (z.B. Name, Vorname, Adresse, E-Mail-Adresse usw.) welcher Personen (z.B. Vereinsmitglieder, Teilnehmer an Veranstaltungen oder Lehrgängen, Besucher von Veranstaltungen) für welche Zwecke verwendet werden, ggf. auch, ob Vordrucke und Formulare zum Einsatz kommen.

17.6 Einwilligung des Betroffenen

17.6.1 Datenbeschaffung

Die Datenbeschaffung durch ein Formular oder durch Befragen sind grundsätzlich beim Betroffenen zu erheben. Aus Gründen der Transparenz ist der Betroffene bei der Erhebung über die verantwortliche Stelle für die Datenverarbeitung, die Zweckbestimmung(en) und die Kategorien von Datenempfängern zu unterrichten. Datenschutzrechtliche Unterrichtung

Der Verein muss bei der Erhebung von personenbezogenen Daten direkt bei der Person aus Gründen der Transparenz von Datenverarbeitungsprozessen eine datenschutzrechtliche Unterrichtung vornehmen. Der Verein muss in jedem Formular, dass er zu Erhebung personenbezogener Daten nutzt, auf folgendes hinweisen:

- Name und Kontaktdaten des Verantwortlichen (in der Regel des Vorstandes).

- Die Zwecke der Verarbeitung sind im Einzelnen aufzuführen (zum Beispiel, dass die Bankdaten ausschließlich dem Einzug der Mitgliedsbeiträge dienen).

- Die Rechtsgrundlage der Verarbeitung ist zu nennen. Hier wird es in der Regel einen Verweis auf die entsprechenden Absätze in der Satzung oder falls vorhanden einer Datenschutzordnung.

- Es muss ein berechtigtes Interesse des Vereins an der Erhebung der Daten vorliegen. Die Anwesenheitsliste der Mitgliederversammlung zum Beispiel ist erforderlich, um die Mehrheitsverhältnisse bei Abstimmungen feststellen zu können.

- Wenn die personenbezogenen Daten weitergegeben werden sollen zum Beispiel an einen Verband oder die Gesellschaft, die für den Verein die Versicherungen betreut, ist dies zu vermerken. Genauso ist anzuführen, wenn sie die Namen oder weitere Daten im Internet veröffentlichen möchten. (Dies gilt nicht für die Mitglieder des Vorstandes).

- Geben Sie die Daten an Dritte weiter, zum Beispiel an ein Steuerbüro zur Buchführung oder sie verarbeiten die Daten über das Internet muss die Person ihr Einverständnis geben. Gleiches gilt für die Datenverarbeitung in einer Cloud. Bei letzterem ist der Hinweis erforderlich, ob ausreichende Garantien für die Einhaltung des Datenschutzes gegeben sind oder nur teilweise gegeben sind.

- Legen Sie fest, wie lange sie die Daten speichern wollen. Zum Beispiel die Verpflichtung, Mitgliederdaten spätestens drei Jahre nach Vereinsaustritt zu löschen.

- Belehren Sie die betreffenden Personen über ihre Rechte. Dies sind insbesondere Auskünfte über Art und Umfang der erfassten Daten, auf das Recht zur Berichtigung, der Löschung, unter Einschränkung der Verarbeitung. Oder sogar ein Widerspruchsrecht gegen die Verarbeitung. Dies bedeutet natürlich, dass in diesem Falle eine Mitgliedschaft im Verein nicht möglich ist. Der Hinweis darf nicht fehlen, dass alle Einwilligungen jederzeit widerrufen werden können.

17.6.2 Kinder und Jugendliche

Kinder und Jugendliche können in die Erhebung, Verarbeitung oder Nutzung ihrer personenbezogenen Daten selbst einwilligen, wenn sie in der Lage sind, die Konsequenzen der Verwendung ihrer Daten zu übersehen und sich deshalb auch verbindlich dazu zu äußern. Im Zweifel sollten die gesetzlichen Vertreter mitwirken.

17.6.3 Erfassung ohne Kenntnis des Betroffenen

Werden personenbezogene Datei ohne Kenntnis des Betroffenen gespeichert, muss der Verein ihn von der erstmaligen Speicherung seiner Daten und der Art der gespeicherten Daten (z.B. Vorname, Name, Geburtstag, Anschrift, ggf. Telefonnummer, Beitrittsdatum, Zugehörigkeit zu einer Vereinsabteilung) benachrichtigen. Möchten Sie zum Beispiel Sponsoren Anschreiben und bedienen sich eines Telefonbuches, haben Sie zunächst die gleichen Pflichten wie bei der oben beschriebenen direkten Erhebung. Zusätzlich muss der Verein die betroffene Person oder Firma über die Kategorie der verarbeiteten personenbezogenen Daten und über die Quelle informieren. Diese Information muss innerhalb einer angemessenen Frist, spätestens jedoch innerhalb eines Monates nach der Erhebung gegeben werden.

Dies gilt auch, wenn die Daten potenzieller Sponsoren über das Internet recherchiert werden. Die Benachrichtigung muss innerhalb eines Monats erfolgen.

17.6.4 Nur bei Neuerhebungen

Grundsätzlich muss der Verein nur die Personen, deren Daten er neu erhebt, darüber informieren, wie er mit ihren Daten umgeht. Deshalb besteht keine Informationspflicht gegenüber Vereinsmitgliedern, die bereits vor dem 25.05.2018 (Geltungsbeginn der DSG-VO) dem Verein beigetreten sind.

17.6.5 Schriftliche Regelungen zum Datenschutz.

Hier einige Beispiele jeweils in der Reihenfolge Daten, Zweck, erforderliche Art der Zustimmung.

Daten	Zweck	Zustimmung
Name, Vorname	Erforderlich, um sie als Mitglied zu identifizieren.	Satzung
Adresse	Um sie zur Mitgliederversammlung einladen zu können.	Satzung
	Um Sie zu Veranstaltungen einladen zu können.	Einwilligung
Geburtsdatum	Um ihre Stimmberechtigung festzustellen	Satzung
	Unser Beitrag ist nach Alter gestaffelt	Satzung
	Bei runden Geburtstagen erhalten Sie eine Aufmerksamkeit	Datenschutzordnung
Familienstand	Wir erheben einen vergünstigten Familienbeitrag	Satzung
Kinder Geburtsdaten	Mit der Volljährigkeit erlischt der Familienbeitrag	Satzung
	Um Stimmberechtigung der Jugendlichen festzustellen	Satzung
	Wir möchten, dass alle Familienmitglieder in unserem Verein sind	Einwilligung

E-Mail-Adresse	Wir laden lt. Satzung auch per E-Mail zu unserer Mitgliederversammlung ein	Satzung
	um Sie zu Veranstaltungen einladen zu können.	Datenschutzordnung
Bankverbindung	Wir ziehen die Beiträge per Bankeinzug ein	Satzung
	Mit Hinweis auf die Bankverbindung unserer Mitglieder möchte wir ihre Hausbank auf Spenden ansprechen	Einwilligung
Beruf	Wir möchten sie gezielt auf ehrenamtliche Mitarbeit ansprechen können	Einwilligung
Vereinseintritt	Erforderlich, um sie als Mitglied für langjährige Mitgliedschaft zu ehren	Datenschutzordnung
Nationalität	auf Wunsch bieten wir Kurse für andere Nationalitäten	Einwilligung
Jahreseinkommen	Unsere Beiträge sind nach Alter gestaffelt	Satzung
	Wir möchte Sie nach ihren Möglichkeiten auf Spenden ansprechen	Einwilligung

Wenn Sie nur Daten verarbeiten, die zwingend nach ihrer Satzung benötigt werden, brauchen Sie keine zusätzliche Datenschutzordnung zu verabschieden. Es empfiehlt sich jedoch sich anhand der obigen Tabelle (die natürlich nicht vollständig sein kann) zu prüfen, welche Daten für den Verein zwingend wichtig sind. Zu ihrer Absicherung sollten Sie auf jeden Fall festlegen welche Daten beim Vereinseintritt für die Verfolgung des Vereinsziels und für die Mitgliederbetreuung und Verwaltung notwendigerweise erhoben werden.

17.7   *Verantwortlich*

17.7.1 Der Vorstand

Verantwortlicher ist die Person, die allein oder gemeinsam mit anderen über die Zwecke und Mittel der Verarbeitung von personenbezogenen Daten entscheidet. Im Verein ist dies in der Regel der Vorstand. Wenn mehr als 20 Mitglieder mit der Datennutzung betraut sind, ist eine Datenschutzbeauftragter zu bestellen.

17.7.2 Datenschutzbeauftragter

Sind mindestens 20 Personen mit der automatisierten Verarbeitung personenbezogener Daten beschäftigt, hat der Verein einen Datenschutzbeauftragten zu bestellen. Man ist geneigt abzuwinken, da das für Vereine kaum in Frage kommt. Bei Mehrspartenvereinen oder bei Vereinen mit einem sehr großen Vorstand ist diese Zahl jedoch schnell erreicht.

Zur Vermeidung einer Interessenkollision dürfen die Aufgaben des Datenschutzbeauftragten nicht vom Vereinsvorstand oder dem für die Datenverarbeitung des Vereins Verantwortlichen wahrgenommen werden, da diese Personen sich nicht selbst wirksam überwachen können. Zum Datenschutzbeauftragten darf nur bestellt werden, wer die zur Erfüllung dieser Aufgaben erforderliche Fachkunde und Zuverlässigkeit besitzt.

Besteht keine Verpflichtung zur Bestellung eines Datenschutzbeauftragten, muss sich der Vereinsvorstand selbst um die Einhaltung des Datenschutzes durch den Verein kümmern. Er kann auch auf freiwilliger Basis einen Datenschutzbeauftragten bestellen.

17.7.3 Aufgaben

Der Vorstand oder, wenn vorhanden, der Datenschutzbeauftragte wirkt auf die Einhaltung datenschutzrechtlicher Vorschriften hin.

1. Er hat insbesondere die ordnungsgemäße Anwendung der Datenverarbeitungsprogramme, mit deren Hilfe personenbezogene Daten verarbeitet werden sollen, zu überwachen.

2. Zu diesem Zweck ist er über Vorhaben der automatisierten Verarbeitung personenbezogener Daten rechtzeitig zu unterrichten.

3. Ferner hat er die bei der Verarbeitung personenbezogener Daten tätigen Personen durch geeignete Maßnahmen mit dem Datenschutzrecht und den jeweiligen Erfordernissen des Datenschutzes vertraut zu machen.

4. Die bei der Verarbeitung personenbezogener Daten tätigen Personen sind zur Wahrung des Datengeheimnisses zu verpflichten.

5. Alle Personen, die Zugang zu Mitgliederdaten haben, d.h. insbesondere die Funktionsträger des Vereins, welche für ihre Aufgaben Mitgliederdaten erhalten, sind schriftlich auf die Wahrung des Datengeheimnisses zu verpflichten.

17.8 Nutzung der Daten

17.8.1 Nutzung von Mitgliederdaten

Für den Umgang mit Mitgliederdaten gilt, dass jeder Funktionsträger nur die für die Erfüllung seiner Aufgaben erforderlichen Mitgliederdaten kennen, verarbeiten oder nutzen darf. So darf etwa der Vorstand auf alle Mitgliederdaten zugreifen, wenn er diese zur Aufgabenerledigung benötigt. Auch müssen der Vereinsgeschäftsstelle alle Mitgliederdaten regelmäßig für die Mitgliederverwaltung und - betreuung zur Verfügung stehen, während es in der Regel für den Kassierer genügt, wenn er die für den Einzug der Mitgliedsbeiträge relevanten Angaben (Name, Anschrift und Bankverbindung) kennt. Dabei dürfen die Daten grundsätzlich nur zur Verfolgung des Vereinszwecks bzw. zur Betreuung und Verwaltung von Mitgliedern genutzt werden.

Nur ausnahmsweise ist es möglich, diese Daten für sonstige berechtige Interessen des Vereins oder Dritter zu nutzen, vorausgesetzt, dem stehen keine schutzwürdigen Interessen der Vereinsmitglieder entgegen. Die Daten seiner Vereinsmitglieder darf der Verein nur für Spendenaufrufe und für Werbung zur Erreichung der eigenen Ziele des Vereins nutzen. Die Nutzung von Mitgliederdaten für die Werbung Dritter ist ohne Einwilligung der Mitglieder grundsätzlich nicht zulässig.

17.8.2 Nutzung von Daten Dritter

Daten Dritter, etwa von Lieferanten, Besuchern oder Aushilfsspielern anderer Vereine, dürfen gespeichert und genutzt werden, wenn dies für die Begründung oder Durchführung eines rechtsgeschäftlichen Schuldverhältnisses (Vertrag) mit diesen Personen erforderlich ist oder der Verein ein berechtigtes Interesse daran hat und nicht erkennbar ist, dass dem schutzwürdigen Interessen der Betroffenen entgegenstehen. Diese Daten dürfen grundsätzlich nur zu dem Zweck verwendet werden, zu dem sie der Verein erhoben oder erhalten hat.

17.8.3 Schutz von elektronischen Daten

In wohl den meisten Vereinen erfolgt die Verarbeitung der Daten EDV gestützt. Um zu verhindern, dass die in einem Computersystem abgelegten Mitgliederdaten von Unbefugten genutzt werden können sollten die Dateien passwortgeschützt sein. Dies gilt auch, wenn die Datenverarbeitung von Mitgliedern ehrenamtlich zu Hause mit eigener EDV-Ausstattung erledigt wird.

17.9 Datenverarbeitung im Auftrag

17.9.1 Wenn Dritte eingebunden werden

Ein Verein kann sich bei der Erhebung, Verarbeitung und Nutzung personenbezogener Daten eines Dritten bedienen, solange sich der Auftraggeber jegliche Entscheidungsbefugnis über die Verwendung der Daten vorbehält und dem Auftragnehmer keinerlei inhaltlichen Bewertungs- und Ermessensspielraum einräumt. Dadurch findet zwischen Auftraggeber und Auftragnehmer keine Datenübermittlung, sondern eine Datennutzung statt und die Datenverarbeitung ist dem Auftraggeber zuzurechnen ist. Eine Einwilligung der Mitglieder in die Auftragsdatenverarbeitung ist nicht erforderlich.

Die Beauftragung des Auftragnehmers muss schriftlich erfolgen. Dabei sind für den jeweiligen Einzelfall detaillierte Regelungen insbesondere zu treffen.

1. der Gegenstand und die Dauer des Auftrags,

2. der Umfang, die Art und der Zweck der vorgesehenen Erhebung, Nutzung oder Verarbeitung von Daten, die Art der Daten und der Kreis der Betroffenen,

3. die nach § 9 BDSG zu treffenden technischen und organisatorischen Maßnahmen

4. die Berichtigung, Löschung und Sperrung (s. u. Nr. 6) von Daten,

5. die nach dem Datenschutzrecht bestehenden Pflichten des Auftragnehmers, insbesondere die von ihm vorzunehmenden Kontrollen,

6. die etwaige Berechtigung zur Begründung von Unterauftragsverhältnissen,

7. die Kontrollrechte des Auftraggebers und die entsprechenden Duldungs- und Mitwirkungspflichten des Auftragnehmers,

8. mitzuteilende Verstöße des Auftragnehmers oder der bei ihm beschäftigten Personen gegen Vorschriften zum Schutz personenbezogener Daten oder gegen die im Auftrag getroffenen Festlegungen,

9. der Umfang der Weisungsbefugnisse, die sich der Auftraggeber oder Auftragnehmer vorbehält sowie

10. die Rückgabe überlassener Datenträger und die Löschung beim Auftragnehmer gespeicherter Daten nach Beendigung des Auftrags.

17.10 Sperrung und Löschung von Daten

17.10.1 Termin festlegen

Grundsätzlich dürfen personenbezogene Daten nur so lange gespeichert werden, wie ihre Kenntnis für die Erfüllung des Zwecks der Speicherung noch erforderlich ist.

Der Verein muss daher festlegen, welche Arten von Daten bis zu welchem Ereignis (z.B. Austritt aus dem Verein, Tod) oder für welche Dauer gespeichert, verarbeitet und genutzt werden.

Mit Erreichen des festgelegten Zeitpunkts müssen die Daten gesperrt werden und sind noch für eine angemessene Frist zu Dokumentationszwecken vorzuhalten. Danach sind sie zu löschen. Die Länge der Sperrfrist orientiert sich grundsätzlich daran, wie lange mit Rückfragen des Betroffenen, mit Gerichtsverfahren oder mit sonstigen Vorgängen zu rechnen ist, die die Kenntnis des Datums noch erforderlich machen.

Die erforderlichen Regelungen zu Speicherfristen sowie zur Sperrung und Löschung von Daten und ggfs. zur Nutzung von Archivgut können entweder in der Vereinssatzung oder außerhalb der Satzung in einer Datenschutzordnung getroffen werden.

17.10.2 Wechsel von Funktionsträgern

Beim Ausscheiden oder dem Wechsel von Funktionsträgern ist sicherzustellen, dass sämtliche Mitgliederdaten entweder ordnungsgemäß gelöscht oder an den Nachfolger oder einen anderen Funktionsträger des Vereins übergeben werden und keine Kopien und Dateien mit Mitgliederdaten beim bisherigen Funktionsträger verbleiben. Auch hierzu sollte der Verein Regelungen treffen.

17.11   Veröffentlichungen im Internet

17.11.1 Grundsätzlich keine personenbezogenen Daten

Die Veröffentlichung von personenbezogenen Daten im Internet ohne Passwortschutz stellt datenschutzrechtlich eine Übermittlung dieser Daten an Jedermann dar. Deswegen ist die Veröffentlichung personenbezogener Daten durch einen Verein im Internet grundsätzlich unzulässig, wenn sich der Betroffene nicht ausdrücklich damit einverstanden erklärt hat.

17.11.2 Funktionsträger

Die Funktionsträger eines Vereins können auch ohne ausdrückliche Einwilligung mit ihrer „dienstlichen" Erreichbarkeit in das Internet auf der Homepage des Vereins eingestellt werden. Die private Adresse des Funktionsträgers darf allerdings nur mit seinem Einverständnis veröffentlicht werden.

17.11.3 Spielergebnisse

Informationen über Vereinsmitglieder (z.B. Spielergebnisse und persönliche Leistungen, Mannschaftsaufstellungen, Ranglisten, Torschützen usw.) oder Dritte (z.B. Spielergebnisse externer Teilnehmer an einem Wettkampf) können ausnahmsweise auch ohne Einwilligung kurzzeitig ins Internet eingestellt werden, wenn die Betroffenen darüber informiert sind und keine schutzwürdigen Belange der Veröffentlichung im Einzelfall entgegenstehen.

17.11.4 Allgemein zugängliche Daten

Eine Veröffentlichung von allgemein zugänglichen Daten ist zulässig, wenn nicht das schutzwürdige Interesse des Betroffenen am Ausschluss der Veröffentlichung das berechtigte Interesse der verantwortlichen Stelle überwiegt. Die zulässige Dauer der Veröffentlichung hängt von der Bedeutung des Ereignisses, auf das sich die Veröffentlichung bezieht, und dem daraus abzuleitenden Informationsinteresse der Öffentlichkeit ab.

Die von einem Verein oder Verband ausgerichteten Veranstaltungen (z. B. Spiele in der Bezirksklasse) sind öffentlich. Die Namen und die Ergebnisse werden im Rahmen solcher Veranstaltungen üblicherweise öffentlich bekannt gegeben. Es handelt sich damit um allgemein zugängliche Daten. Die in Ranglisten enthaltenen Daten sind zwar nicht allgemein zugänglich, stammen jedoch aus allgemein zugänglichen Quellen und stellen nur eine Zusammenfassung und Auswertung dieser Daten dar. Es ist nicht anzunehmen, dass eine Internetveröffentlichung der genannten Daten die Persönlichkeit eines Aktiven mehr beeinträchtigt als deren Veröffentlichung in einer Tageszeitung, in deren Verbreitungsgebiet er wohnt und bekannt ist.

Um den Eingriff in das Persönlichkeitsrecht in Grenzen zu halten, dürfen bei derartigen Veröffentlichungen jedoch allenfalls Nachname, Vorname, Vereinszugehörigkeit und eventuell in begründeten Ausnahmefällen der Geburtsjahrgang aufgeführt werden.

17.12 Pflichtinformationen auf der Webseite

17.12.1 Pflichtinformationen

1. den Namen und die Kontaktdaten des Verantwortlichen (i.d.R. der Vorstand) sowie gegebenenfalls seines Vertreters;

2. gegebenenfalls die Kontaktdaten des Datenschutzbeauftragten;

3. die Zwecke und die berechtigten Interessen des Vereins an der Verarbeitung der Daten sowie die Rechtsgrundlage für die Verarbeitung, zum Beispiel zur Erfüllung eines Vertrages. Die Grundrechte der betreffenden Person, insbesondere bei Kindern dürfen nicht berührt werden;

4. gegebenenfalls die Empfänger oder Kategorien von Empfängern der personenbezogenen Daten, zum Beispiel die konkret zu benennenden Betreiber von anderen Webseiten, deren Inhalte auf der eigene Webseite eingebunden werden;

5. gegebenenfalls die Absicht des Verantwortlichen, die personenbezogenen Daten an ein Land außerhalb der Europäischen Union zu übermitteln;

6. die Dauer, für die die personenbezogenen Daten gespeichert werden oder, falls dies nicht möglich ist, die Kriterien für die Festlegung dieser Dauer;

7. die Informationen über die Betroffenenrechte auf Auskunft, Berichtigung, Löschung oder Einschränkung der Verarbeitung, Widerspruch gegen die Verarbeitung und Datenübertragbarkeit;

8. wenn die Verarbeitung auf einer Einwilligung beruht, das Bestehen eines Rechts auf jederzeitigen Widerruf der Einwilligung und den Hinweis, dass die Rechtmäßigkeit der aufgrund der Einwilligung bis zum Widerruf erfolgten Verarbeitung unberührt bleibt;

9. das Bestehen eines Beschwerderechts bei einer Aufsichtsbehörde;

10. werden personenbezogenen Daten wegen gesetzlicher oder vertraglich (Satzung, Datenschutzordnung des Vereins) vorgeschrieben oder für einen Vertragsabschluss erforderlich, besteht die Pflicht der betroffene Person, die personenbezogenen Daten bereitzustellen. Welche mögli-

chen Folgen hätte die Nichtbereitstellung (z.B. Anmeldung zu Wettkämpfen kann nur über die Internetseite erfolgen, fehlen Daten, ist eine Teilnahme am Wettkampf nicht erforderlich).

11. das Bestehen einer automatisierten Entscheidungsfindung einschließlich Profiling (automatische Einordnung in „gut" oder „schlecht"und aussagekräftige Informationen über die involvierte Logik sowie die Tragweite und die angestrebten Auswirkungen einer derartigen Verarbeitung für die betroffene Person.

Es handeln sich hier um eine gekürzte Version für Vereine. Üblicherweise verwendet der Webmaster (Autor der Internetseiten) im Internet angebotenen Vorlagen.

17.12.2 Weitere Informationen

Die Informationen müssen der konkreten Ausgestaltung der Webseite entsprechen. Es ist insbesondere darüber zu informieren, ob eigene oder Cookies von Drittanbietern gesetzt werden, Inhalte von anderen Webseiten unmittelbar eingebunden sind, zum Beispiel Schriften, Wetterinformationen, Videos, Social Plugs-In in die Webseite eingebunden sind, zum Beispiel von Twitter, Facebook, Youtube, Instagram, die Webseite Möglichkeiten vorsieht, durch die der Nutzer direkt personenbezogene Daten auf der Webseite eingibt und diese übermittelt, zum Beispiel Login-Verfahren, Kontaktformulare, Bestellformulare.

17.12.3 Transparente Sprache

Alle Informationen sind in präziser, transparenter, verständlicher und leicht zugänglicher Form in einer klaren und einfachen Sprache abzufassen sind. Die Datenschutzerklärung auf der Webseite muss einfach aufzufinden und durch die Bezeichnung klar als solche erkennbar sein.

Sie sollte auf einer Webseite dargestellt werden, ohne übermäßiges Scrollen des Bildschirms zu erfordern. Die Sprache ist dem Adressatenkreis anzupassen, insbesondere wenn sich eine Webseite an Kinder und Jugendliche richtet. Richtet sich die Webseite auch an ausländische Nutzer, ist die Datenschutzerklärung entsprechend auch in weiteren Sprachen zur Verfügung zu stellen.

17.12.4 Technische und organisatorische Maßnahmen

Art. 25 Abs. 1 DSGVO verpflichtet den verantwortlichen Anbieter einer Webseite, geeignete technische und organisatorische Maßnahmen zur Gewährleistung der Anforderungen der Datenschutz-Grundverordnung zu treffen.

Sieht die Webseite die Möglichkeit vor, dass Nutzer personenbezogene Daten auf der Webseite eingeben können, dürfen diese nur verschlüsselt an den Verantwortlichen übermittelt werden. Demnach ist es wie schon bisher erforderlich, dass das https-Protokoll mit einer dem Stand der Technik entsprechenden sicheren Verschlüsselung zur Übermittlung der Daten eingesetzt wird. Art. 25 Abs. 2 DSGVO verpflichtet den verantwortlichen Anbieter einer Webseite Voreinstellungen auf der Webseite so zu wählen, dass nur für die Nutzung der Webseite erforderliche personenbezogene Daten verarbeitet werden.

Einstellungsoptionen finden sich zum Beispiel auf einer anmeldepflichtigen Webseite, auf der angemeldete Nutzer personenbezogene Inhalte einstellen können, hinsichtlich der Sichtbarkeit der Inhalte. Differenziert wird häufig zwischen sichtbar für „ausgewählte angemeldete Nutzer der Webseite", „alle auf der Webseite angemeldete Nutzer" oder „im gesamten Internet". Die Voreinstellung muss dann auf „ausgewählte angemeldete Nutzer der Webseite" gesetzt sein. Eine weitere Auswahloption ist häufig die Auffindbarkeit der nutzergenerierten Inhalte für Suchmaschinen. Diese ist in der Voreinstellung inaktiv zu schalten.

Muster einer Einwilligungserklärung für die Veröffentlichung von Mitgliederdaten im Internet (Quelle: Landesbeauftragter für den Datenschutz in Baden-Württemberg)

Der Vereinsvorstand weist hiermit darauf hin, dass ausreichende technische Maßnahmen zur Gewährleistung des Datenschutzes getroffen wurden. Dennoch kann bei einer Veröffentlichung von personenbezogenen Mitgliederdaten im Internet ein umfassender Datenschutz nicht garantiert werden. Daher nimmt das Vereinsmitglied die Risiken für eine eventuelle Persönlichkeitsrechtsverletzung zur Kenntnis und ist sich bewusst, dass:

die personenbezogenen Daten auch in Staaten abrufbar sind, die keine der Bundesrepublik Deutschland vergleichbaren Datenschutzbestimmungen kennen,

die Vertraulichkeit, die Integrität (Unverletzlichkeit), die Authentizität (Echtheit) und die Verfügbarkeit der personenbezogenen Daten nicht garantiert ist.

Das Vereinsmitglied trifft die Entscheidung zur Veröffentlichung seiner Daten im Internet freiwillig und kann seine Einwilligung gegenüber dem Vereinsvorstand jederzeit widerrufen.

Erklärung:

„Ich bestätige das Vorstehende zur Kenntnis genommen zu haben und willige ein, dass der Verein

....

(Name des Vereins)

folgende Daten zu meiner Person:

Allgemeine Daten

Spezielle Daten von Funktionsträgern Vorname Anschrift Zuname Telefonnummer Fotografien Faxnummer Sonstige Daten (z.B.: Leistungsergebnisse, Lizenzen, Mannschaftsgruppe u.ä.) E-Mail-Adresse

wie angegeben auf folgender Internetseite des Vereins

....

(Online-Dienst / Internet ; Zugangsadresse)

veröffentlichen darf."

Ort und Datum: Unterschrift:

....

. (Bei Minderjährigen Unterschrift eines Erziehungsberechtigten)

--   ------------------

17.13 *Die Rechte der Betroffenen*

17.13.1 Auskunft

Personen, deren Daten im Verein genutzt werden haben das Recht, Auskunft über Ihre vom Verein verarbeiteten personenbezogenen Daten zu verlangen. Insbesondere können sie Auskunft über die Verarbeitungszwecke, die Kategorie der personenbezogenen Daten, die geplante Speicherdauer, das Bestehen eines Rechts auf Berichtigung, Löschung, Einschränkung der Verarbeitung oder Widerspruch, das Bestehen eines Beschwerderechts, die Herkunft ihrer Daten, sofern diese nicht vom Verein erhoben wurden. Ihre personenbezogenen Daten, die sie dem Verein bereitgestellt haben, können sie in einem strukturierten, gängigen und maschinenlesbaren Format erhalten oder sie können die Übermittlung an einen anderen Verantwortlichen zu verlangen;

17.13.2 Berichtigung

Betroffenen können unverzüglich

1. die Berichtigung unrichtiger oder Vervollständigung Ihrer bei uns gespeicherten personenbezogenen Daten verlangen;

2. die Einschränkung der Verarbeitung Ihrer personenbezogenen Daten verlangen, soweit die Richtigkeit der Daten von Ihnen bestritten wird und die Verarbeitung unrechtmäßig ist.

3. Ihre einmal erteilte Einwilligung jederzeit gegenüber uns zu widerrufen. Dies hat zur Folge, dass der Verein die Datenverarbeitung, die auf dieser Einwilligung beruhte, für die Zukunft nicht mehr fortführen darf.

17.13.3 Löschung

Betroffene können die Löschung der vom Verein gespeicherten personenbezogenen Daten verlangen, soweit nicht die Verarbeitung zur Ausübung des Rechts auf freie Meinungsäußerung und Information, zur Erfüllung einer rechtlichen Verpflichtung, aus Gründen des öffentlichen Interesses oder zur Geltendmachung, Ausübung oder Verteidigung von Rechtsansprüchen erforderlich ist.

17.13.4 Beschwerde

Gemäß Art. 77 DSGVO können die Betroffenen sich bei einer Aufsichtsbehörde beschweren. In der Regel können Sie sich hierfür an die Aufsichtsbehörde Ihres üblichen Aufenthaltsortes oder Arbeitsplatzes oder unseres Vereinssitzes wenden.

17.14   Das Recht am Bild

Unter welchen Voraussetzungen dürfen Fotos aufgenommen und veröffentlicht werden?

Erwachsene dürfen fotografiert und ihre Fotos veröffentlicht werden, wenn der Verein ein berechtigtes Interesse an der Aufnahme und Veröffentlichung des Fotos hat und die Interessen des Fotografierten an der Nicht-Veröffentlichung nicht überwiegen. Grundsätzlich hat ein Verein ein berechtigtes Interesse daran, Fotos zu veröffentlichen, um z.B. auf der Vereinshomepage über Aktivitäten zu berichten oder über den Verein zu informieren. In der Regel ergeben sich daraus auch keine Beeinträchtigungen für den Betroffenen.

Beispiele, in denen der Verein Fotos aufnehmen und veröffentlichen darf: • Vereinsmitglied wird zum Schützenkönig gekrönt – hier überwiegen eindeutig die Interessen des Vereins an der Veröffentlichung eines Fotos seines Schützenkönigs. • Fotos von Teilnehmern bei Wettkampf- und Sportveranstaltungen oder Trachtenumzügen.

Beruht die Verarbeitung von Fotos auf der Wahrnehmung berechtigter Interessen des Vereins, führt ein Widerspruch nur dann dazu, dass das Foto gelöscht werden muss, wenn der Betroffene für die Löschung einen Grund vortragen kann. Der Verein muss die Aufnahme nicht löschen, wenn er an dem Foto ein besonderes Interesse hat und dieses dem Löschungsinteresse des Mitglieds vorgeht.

Ein Vereinsmitglied tritt aus dem Verein aus und verlangt daraufhin die Löschung seines Fotos, welches in einem Prospekt des Vereins abgebildet ist. Der Verein muss das Foto (trotz Widerspruchs) nicht löschen bzw. die Prospekte nicht vernichten. Er hat ein Interesse das Prospekt weiterhin zu verwenden, da die Produktion mit Kosten verbunden war. Allein der Austritt aus dem Verein kann das Interesse des Vereins nicht überwiegen.

18   Die Mitgliederversammlung

18.1 Aufgaben der Mitgliederversammlung

Die Mitgliederversammlung ist das höchste Organ des Vereins. Die Mitgliederversammlung ist grundsätzlich für alle Entscheidungen zuständig. Einschränkungen ergeben sich aus der Satzung. Zu den bei der Mitgliederversammlung verbleibenden Kompetenzen gehören i. d. R. Satzungsänderungen, die Festsetzung der Mitgliedsbeiträge sowie die Wahl und die Entlastung des Vorstands. Die Mitgliederversammlung überwacht den Vorstand in seiner Geschäftsführungsaufgabe. Sie bedient sich dabei u. U. der Kassenprüfer oder Revisoren.

Die Satzung sieht in der Regel vor, dass für die Einberufung und die Leitung der Mitgliederversammlung der Vorstand oder konkreter, der 1. Vorsitzende zuständig ist.

18.2 Richtig vorbereiten

18.2.1 Die Tagesordnung

Die Tagesordnung der Mitgliederversammlung entwerfen Sie gemeinsam in einer Vorstandssitzung. Einige Tagesordnungspunkte ergeben sich aus der Satzung, weitere werden von Vorstandsmitgliedern oder Vereinsmitgliedern vorgeschlagen. Die Reihenfolge der Tagesordnungspunkte legen Sie, wie in anderen Sitzungen auch, so fest, dass Sie ein paar nicht so entscheidende Punkte zum "Warmlaufen" an den Beginn der Sitzung stellen, dann kommt der oder die "Problemfälle", und dann noch ein oder zwei Punkte, um eventuell aufgetretene Emotionen wieder zu beruhigen.

18.2.2 Gäste in der Mitgliederversammlung

Sind zur Versammlung nur Mitglieder zugelassen oder erwarten Sie auch Gäste? Dann sollten Sie für zu erwartende Abstimmungen vorsorgen: Entweder geben Sie für die Mitglieder Stimmkarten aus oder Sie reservieren für die Gäste einen besonderen Tisch, sodass sichergestellt ist, dass nur Mitglieder an der Abstimmung teilnehmen. Stimmkarten empfehlen sich auch, wenn viele nicht stimmberechtigte Jugendliche an einer Mitgliederversammlung teilnehmen.

Sofern Ihr Verein keine Geschäftsordnung für die Mitgliederversammlungen hat, legen Sie zu Beginn der Sitzung eine Begrenzung der Redezeit fest. Ob Sie als Versammlungsleiter später davon Gebrauch machen, entscheiden Sie je nach Verlauf der Versammlung.

18.2.3 Tagungslokal, Sitzordnung

Bei einer Mitgliederversammlung werden Sie selten eine ideale Sitzordnung erreichen, da die Anzahl der Teilnehmer vorher nur schwer abzuschätzen ist. Ist der Raum zu groß, kommt keine Atmosphäre auf, ist er zu klein, wird die Enge durch die schnell verbrauchte Luft oder ständiges Stühle rücken zu erheblichen Störungen führen.

Auch kann es erfahrungsgemäß bei übergroßem Gedränge eher zu aggressivem Verhalten Einzelner kommen. Bei der Auswahl des Tagungslokals achten Sie darauf, dass der Raum gut zu Lüften ist. Als Versammlungsleiter müssen Sie von Ihrem Platz aus möglichst jeden Teilnehmer sehen können.

Es ist kein Zeichen übertriebener Distanzierung, sondern ein Erfordernis eines geregelten Versammlungsverlaufs, wenn der Vorstandstisch, an dem alle Vorstandsmitglieder Platz finden sollten, etwa zwei Meter von den ersten Plätzen der Teilnehmer entfernt steht.

18.2.4 Bewirtung

Eine Bewirtung während der Mitgliederversammlung lässt sich kaum vermeiden. Ideal wäre es, wenn die in etwa benötigten Getränke auf dem Tisch bereitständen. Dies ist erfahrungsgemäß nicht immer möglich, sodass Sie zumindest mit dem Vereinswirt absprechen sollten, dass die Nachfrage nach benötigten Getränken dezent und in geringerer Lautstärke erfolgt.

18.3 Checkliste Vorbereitung MGV

	Vorgang
1.	Allgemeine Terminsituation klären (andere Vereine etc.)
2.	Möglichen Termin mit Vorstand, Ehrengästen und Festrednern abstimmen
3.	Termin festlegen
4.	Veranstaltungsort auswählen und reservieren
5.	Erforderliche Genehmigungen einholen
6.	Ablauf grob festlegen
7.	Personellen und sächlichen Aufwand festlegen
8.	Kosten kalkulieren
9.	Zuständigkeitsbereiche und Aufgaben verteilen
10.	Mit Wirt Speisen, Getränke und Dekoration abstimmen
11.	Tagesordnung im Vorstand vor besprechen
12.	Jahresbericht im Vorstand vor besprechen
13.	Jahresabschluss im Vorstand vor besprechen
14.	Einladungen versenden
15.	Ehrengäste und Festredner schriftlich einladen (incl. TO)
16.	DRK, Feuerwehr einladen
17.	Pressevertreter einladen (incl. TO)
18.	Entscheidung über Zulassung von Anträgen (Satzung)
19.	Technische Hilfsmittel vorbereiten (Stimmzettel etc.)
20.	Unterlagen vorbereiten

18.4 Die Versammlungsleitung

18.4.1 Anforderungen an die Taktik

Formal gelten für die Mitgliederversammlung die gleichen Regeln wie für die Leitung der Vorstandssitzung. Dennoch werden Sie in der Leitung einer Mitgliederversammlung eine andere Taktik der Versammlungsleitung anwenden als in der Vorstandssitzung. Von der Sitzung des Vorstands, auch in einer eventuell um Gäste oder beratende Mitglieder erweiterten Form oder von einer Ausschusssitzung unterscheidet sich die Mitgliederversammlung hinsichtlich

- der Aufgabenstellung,

- der Anzahl der Teilnehmer,

- der Sachkenntnis der Teilnehmer,

- der Aufnahmebereitschaft der Teilnehmer,

- der ungewollten Störungen durch Teilnehmer und Externe.

Daraus ergibt sich, die Versammlung je nach Notwendigkeit an "längerer Leine" aber auch in kritischen Situationen straff zu führen.

18.4.2 Leitung der Versammlung

Die Reihenfolge, in der Sie den Teilnehmern das Wort erteilen, ergibt sich bei der Mitgliederversammlung nahezu ausschließlich aus der Reihenfolge der Wortmeldungen. Lassen Sie möglichst jeden, der es wünscht, zu Wort kommen. Durch Redezeitbegrenzung können Sie den Zeitaufwand steuern.

Bei vielen Wortmeldungen zu einem Thema ist es erforderlich, eine Rednerliste zu führen, in die die Wortmeldungen chronologisch eingetragen werden. Bitten Sie den neben Ihnen sitzenden Vorstandskollegen die Rednerliste zu führen, damit Sie sich weiter auf die Versammlungsleitung konzentrieren können.

Wortmeldungen zur Geschäftsordnung können und sollten Sie vorziehen. Um Wortmeldungen zur Geschäftsordnung als solche zu erkennen, geben Sie zu Beginn der Sitzung bekannt, dass diese durch Hochheben beider Arme erfolgen.

Übliche Geschäftsordnungsanträge sind

- Anträge zur Tagesordnung.

- Anträge auf Schluss der Rednerliste.

- Anträge auf Beendigung der Diskussion.

- Anträge auf Schluss der Sitzung.

- Anträge auf Verweis des Antrags zur Behandlung im Vorstand oder in einem Ausschuss.

18.4.3 Die Rechte des Versammlungsleiters

18.4.3.1 *Wort erteilen und entziehen*

In einer Mitgliederversammlung haben Sie als Versammlungsleiter das Recht, das Wort zu Diskussionsbeiträgen zu erteilen und auch zu entziehen. Letzteres insbesondere, wenn die Redezeit (deutlich) überschritten wird, nicht zum Thema gesprochen wird oder ein Diskussionsteilnehmer sich danebenbenimmt. Um die Versammlung, die in der Regel dem vermeintlich Schwächeren die Sympathien schenkt, nicht gegen Sie aufzubringen, sollten Sie den betreffenden Teilnehmer vor dem Entzug des Wortes ein- oder zweimal deutlich ermahnen.

18.4.3.2 *Abbrechen, vertagen*

Auch in der Mitgliederversammlung steht dem Versammlungsleiter das Recht zu, diese vorzeitig abzubrechen und die nicht behandelten Punkte zu vertagen. Auf Verständnis für eine solche Maßnahme können Sie jedoch nur hoffen, wenn etwa die Zeit sehr weit fortgeschritten ist und Reihen sich merklich gelichtet haben oder wenn durch Störungen ein geordneter Versammlungsverlauf nicht mehr gesichert ist.

18.4.3.3 Schluss der Debatte

Ziehen dauernd sich wiederholende Beiträge eine Diskussion unzumutbar in die Länge, können Sie diese beenden, indem Sie Wortmeldungen zu diesem Thema nicht mehr zulassen. Eleganter ist es jedoch, einen Geschäftsordnungsantrag auf Schluss der Debatte zu stellen - oder durch einen "Verbündeten" stellen zu lassen. Bei nervtötenden Aussprachen mit den üblichen Dauerrednern ist Ihnen eine Mehrheit sicher.

18.4.4 Wie wird abgestimmt?

18.4.4.1 Weitergehend zuerst

Werden Anträge zur Abstimmung gestellt, ist zunächst über den weitergehenden Antrag zu befinden. Liegen als Anträge z. B. vor:

a) Die Tennisabteilung möchte einen Spartenbeitrag von 10,-- Euro monatlich erheben und bittet um Zustimmung der Mitgliederversammlung.

b) Der Schatzmeister beantragt, die Satzung so zu ändern, dass alle Abteilungen Spartenbeiträge bis zu 15,-- Euro erheben können.

Der Antrag b) ist der weitergehende. Wird er angenommen, brauchen Sie in der Mitgliederversammlung über den Antrag a)nicht mehr abstimmen zu lassen. Diese Angelegenheit kann die Tennisabteilung intern regeln. Wird Antrag b) allerdings abgelehnt, müssen Sie noch über den Antrag a) abstimmen lassen.

18.4.4.2 Art der Abstimmung

In welcher Form in der Mitgliederversammlung abgestimmt werden kann, ergibt sich aus der Satzung. Bei fehlender Regelung haben Sie drei Möglichkeiten:

Bei eindeutigen Mehrheitsverhältnissen und unkritischen Themen (Beschluss über die Ehrung verdienter Mitglieder, üblicher Zuschuss zu einer Jugendfahrt) wird durch Akklamation entschieden: "Erhebt sich gegen diesen Vorschlag Widerspruch?".

Zu den weitaus meisten Anträgen wird offen abgestimmt, durch Handzeichen oder Zeigen der Stimmkarte. Bei einer größeren Teilnehmerzahl oder einer für den Versammlungsleiter schlecht zu übersehenden Sitzordnung bitten Sie vorher einige Mitglieder, Ihnen bei Stimmenauszählungen behilflich zu sein.

Legen Sie vorher die "Stimmbezirke" der Helfer fest, damit es nicht zu Überschneidungen beim Zählen kommt. Es soll schon Versammlungen gegeben haben, bei denen das Auszählen der Stimmen mehr Zeit in Anspruch genommen hat als die Diskussion.

Bei einer größeren und nicht überschaubaren Anzahl nicht stimmberechtigter Teilnehmer (Gäste, Jugendliche) ist es ratsam, für die stimmberechtigten Mitglieder Stimmkarten auszugeben.

Die geheime Abstimmung, mitunter verlangt bei Personalentscheidungen, erfordert pro Wahlgang einheitlich gekennzeichnete Stimmzettel! Ihre Mitgliederversammlung wäre nicht die Erste, bei der niemand an dieses Erfordernis gedacht hat. Die Kennzeichnung erfolgt so, dass die Stimmzettel eines Wahlgangs sich absolut gleichen, aber nicht mit anderen verwechselt werden können. (Kennzeichnung zum Beispiel durch ihre Vereinsstempel)

18.4.5 Was ist „Mehrheit"

18.4.5.1 *Welche Stimmen werden gezählt*

Der Bundesgerichtshof hat bereits mit Urteil vom 25. Januar 1982 (Aktenzeichen II ZR 164/81 - München) entschieden, dass bei der Beschlussfassung im Verein die Mehrheit nur nach der Zahl der abgegebenen Ja- und Nein- Stimmen zu berechnen sei und dass Stimmenthaltungen und ungültige Stimmen nicht mitzuzählen sind.

Ein Mitglied, das sich bei einer Abstimmung der Stimme enthält, will, aus welchen Gründen auch immer, weder ein zustimmendes noch ein ablehnendes Votum abgegeben, sondern sein Unentschieden bekunden.

Würden bei Mehrheitsbeschlüssen die Stimmenthaltungen mitgezählt werden, würden diese sich so auswirken, als ob das betreffende Mitglied mit "Nein" gestimmt hätte. Damit wäre der objektive Erklärungswert des Abstimmungsverhaltens verfälscht.

Entfernt sich ein Mitglied während der Abstimmung aus dem Saal, stimmt nicht mit ab und betritt nach der Abstimmung wieder die Tagungsstätte, wird es so behandelt, als wäre es nicht anwesend. Entscheidend sind immer nur die abgegebenen Stimmen der zur Zeit der Abstimmung anwesenden stimmberechtigten Mitglieder.

18.4.5.2   Was gibt es für Mehrheiten?

- Einfache Mehrheit ist erreicht, wenn die Summe der Ja-Stimmen mindestens um eine Stimme größer ist als die Summe der Nein-Stimmen.

- Absolute Mehrheit kann bedeuten, dass für die Beschlussfassung mehr als die Hälfte der zur Abstimmung anwesenden Vereinsmitglieder notwendig ist. (z. B. 51 von 100)

- Qualifizierte Mehrheit ist eine Stimmenmehrheit, die größer ist als die einfache Stimmenmehrheit (z. B. 2/3-, 3/4- oder 4/5-Stimmenmehrheit).

- Relative Stimmenmehrheit kann hinter der einfachen Mehrheit zurückbleiben und kommt nicht selten zur Anwendung bei Wahlen. Gewählt ist dann, wer die meisten Stimmen auf sich vereinigt.

18.5 Die Chancen nutzen

Der ordnungsgemäße Ablauf einer Mitgliederversammlung ist Voraussetzung dafür, die Chancen zu nutzen, die Ihnen diese Versammlung vieler, sonst vielleicht weniger aktiver Mitglieder, bietet.

Nutzen Sie die Gelegenheit, Ihre Vereinsmitglieder

- ausführlich zu informieren

- hochgradig zu motivieren

- durch Diskussionen und Abstimmungen die Stimmungen und Ansichten Ihrer Vereinsmitglieder zu erfahren

18.5.1 Mitgliederversammlung gut besucht?

18.5.1.1   Ansprüche an den Sitzungsverlauf

Zunächst einmal: Wenn Ihre Mitgliederversammlungen bisher schlecht besucht waren, ist der Weg zu einer gut besuchten Mitgliederversammlung "lang und dornenreich". Denn gut besuchte Mitgliederversammlungen nähren sich selbst. "Man" geht dorthin, weil alle hingehen (Landrat, Bürgermeister, wichtige Geschäftsleute, Kreis- und Bezirksvorsitzende Ihres Verbandes).

Wenn Sie dieses Ziel erreichen wollen, müssen Sie an sich und an Ihre Mitglieder gewisse Ansprüche stellen, die bei einem geordneten Sitzungsverlauf beginnen. Endlose Debatten, ein deutliches überschreiten des Zeitlimits bewegen die "VIPs" nicht unbedingt dazu, beim nächsten Mal wiederzukommen. Dies bedeutet unter Umständen, und das kann Ihren sonstigen Zielen zuwiderlaufen, ein bisschen weniger Demokratie in Ihrem Verein.

18.5.1.2   Die Einladungen

Ob Sie die Einladung zur Mitgliederversammlung an Ihrem schwarzen Brett, in der Zeitung, per Mail oder sogar brieflich aussprechen,

Einfluss auf die Teilnehmerzahl hat dies erfahrungsgemäß nur bedingt.

Bewährt hat sich jedoch, kurz vor dem Versammlungstermin noch einmal nachzufassen, sei es durch persönliche Ansprache der besonders wichtigen Teilnehmer für diese Sitzung oder durch einen redaktionellen Artikel in der Presse.

18.5.1.3 Das passende Rahmenprogramm

Einige Mitglieder werden den Weg zur Mitgliederversammlung eher finden, wenn Sie neben der eigentlichen Tagesordnung ein Rahmenprogramm anbieten. Bewährt hat sich, einen Referenten einzuladen, der zu einem den Verein berührenden Thema einen Vortrag hält (Kulturreferent der Stadt: Kulturpolitik, Chefarzt des Krankenhauses: Vorbeugen gegen Sportverletzungen)

18.5.1.4 Ehrungen

Ehrungen geben einer Mitgliederversammlung einen würdigen Rahmen. Und sie veranlassen sowohl die zu Ehrenden als auch deren Freunde zur Versammlung zu kommen. Wenn Sie dann noch als Sportverein den Sportler des Jahres oder als Ortsverein des DRK den Helfer des Jahres mehrheitlich wählen lassen, sind hoffentlich möglichst viele Sparten oder Gruppen motiviert, ihre Mitglieder zum Besuch der Versammlung zu bewegen. Wenn die finanzielle Situation des Vereins es zulässt, können Sie für die Gruppe, aus deren Reihen z. B. der „Helfer des Jahres" kommt, einen Geld- oder Sachpreis ausloben. (Ein Grillabend im Wert von € 300,--, gespendet von der Metzgerei X).

18.5.1.5 Kleine Tricks

Auch wenn Sie es noch nicht erlebt haben, auch die Ankündigung, dass am Ende der Sitzung noch ein Fass Freibier, gestiftet von der Brauerei XY, angestochen wird, steigert Ihre Teilnehmerzahlen. Schon etwas außerhalb des ganz Seriösen, aber deshalb umso wirksamer, kann es sein, wenn Sie darauf hinweisen, dass ein Zuschuss zu den Getränken und dem Abendessen in den Mitgliedsbeiträgen mit erhoben wird (steuerliche Vorschriften sind zu beachten) oder durch Umlage von allen Mitgliedern (auch den nicht Erschienenen) eingefordert wird. Niemand lässt sich gern entgehen, was er vorher bezahlt hat.

18.5.2 Inhaltsreich aber nicht langatmig

18.5.2.1   Der Jahresbericht

Ersparen Sie es den Versammlungsteilnehmern, Ihnen beim Vortrag endloser Zahlenkolonnen und eines ermüdenden Verlesens wichtiger Ereignisse, vielleicht noch von jedem Spartenleiter für seine Sparte, zuzuhören. Diese Informationen sind wichtig, können aber viel besser in einem schriftlichen Jahresbericht zusammengefasst werden. Angereichert mit einigen Fotos enthält er einen Überblick über wichtige Zahlen zur finanziellen Situation Ihres Vereins. Alle die Mitglieder, die sich um den Verein verdient gemacht haben, können dort namentlich aufgeführt werden. Dieser Jahresbericht mit zweifellos dokumentarischem Wert wird nur an die Teilnehmer der Mitgliederversammlung kostenlos abgegeben, sonst muss eine Schutzgebühr gezahlt werden.

Hoffentlich werden auch durch diesen Jahresbericht einige Mitglieder mehr motiviert, zur Mitgliederversammlung zu erscheinen.

18.5.2.2   Alle können mitmachen

Nicht alle Themen können auf der Mitgliederversammlung angesprochen werden und nicht alle angesprochenen Tagesordnungspunkte können erschöpfend behandelt werden.

Wenn die erschienenen Mitglieder, auch die nicht zu Wort gekommenen, das Gefühl haben sollen, ihre Ideen und Anregungen eingebracht zu haben, führen Sie doch eine schriftliche Teilnehmerbefragung durch.

Natürlich eignen sich hierzu nicht alle Themen. Aber zum Beispiel die Zufriedenheit mit Ort, Zeitpunkt und Durchführung der Mitgliederversammlung kann abgefragt werden und Ihnen Anregungen für das nächste Mal geben. Auch die Fragen "Was hat Ihnen im letzten Jahr im Verein besonders gut gefallen - Was wollten Sie schon immer verbessert wissen" kann Ihnen wertvolle Hinweise geben. Wenn Sie zusichern, bei kritischen Anmerkungen die Verfasser zu einer der nächsten Vorstandssitzungen einzuladen, um diesen Punkt in seiner Gegenwart zu diskutieren, ersparen Sie es sich, eventuelle Randprobleme oder Einzelfälle in der Mitgliederversammlung breit auszuwalzen. (Ihr Wort müssen Sie dann natürlich auch halten, sonst klappt es nie wieder).

19   Konflikte im Verein

19.1   *Führungsverantwortung gefragt*

Konflikte in einem Verein sind so normal wie im Privatleben, im Beruf oder im Straßenverkehr. Viele dieser Konflikte im Verein erledigen sich von selbst, weil die eine oder andere Seite Einsicht zeigt oder durch Zeitablauf die Bedeutung des Konflikts von den Beteiligten als eher gering angesehen wird. So gibt man sich im Sport auch nach einer heftigen Auseinandersetzung am Schluss die Hand.

Leider gibt es aber im Verein auch Konflikte, die die Zukunft des Vereins gefährden können, weil sie über das zumutbare Maß hinausgehen. Um diese geht es auf den folgenden Seiten.

19.2   *Was ist ein Konflikt*

19.2.1 Conflictus

Das Wort „Konflikt" stammt von dem lateinischen Substantiv "conflictus" und bedeutet Aneinanderschlagen, Zusammenstoßen, im weiteren Sinne daher auch Kampf, Streit.

Konflikte sind Störungen, die den Handlungsablauf unterbrechen und belastend wirken. Konflikte haben die Tendenz zu eskalieren, d. h., sie weiten sich aus und nehmen an Intensität zu. Konflikte werden als Störung des "normalen" Lebens empfunden und halten von einem gewohnten Handlungsablauf ab.

19.2.2 Bedingungen zur Entstehung eines Konflikts

Folgende Bedingungen müssen erfüllt sein, damit wir im Verein von einem Konflikt sprechen können:

- Mindestens 2 Parteien (Personen, Gruppen) müssen vorhanden sein mit einem
- gemeinsamen Konfliktfeld (Klubheim, Übungsstunden). Eine der häufigsten Varianten, den Konflikt zu beenden, ist das Verlassen des Konfliktfeldes, z. B. durch Rücktritt oder Kündigung. Da dies häufig das Gefühl großer Ungerechtigkeit bei Beteiligten oder Dritten zurücklässt, können dadurch neue Konflikte ausgelöst werden, indem z. B. die Arbeit des Vorstandes verbal oder durch Handlungen behindert wird. Im persönlichen Bereich kann es auch zu „Rachefeldzügen" mit wilden Anschuldigungen und Anzeigen bei Gericht kommen.
- Es müssen unterschiedliche Handlungsabsichten vorhanden mit negativen Gefühlen (hierbei spielen nur die negativen Gefühle "Angst" und "Wut" eine Rolle, sie dienen im Konflikt als Antriebselement)
- Gegenseitige Beeinflussungsversuche (auch über Dritte, also indirekt)

Konflikte unterscheiden sich von Problemen vor allem dadurch, dass sich die Parteien in der Bewältigung der Situation uneins sind und dabei negative Gefühle entwickeln. Da die Gefühle einen starken Handlungsantrieb verursachen, ist die Aktionsbereitschaft in Konflikten sehr hoch.

Pauschal kann man sagen: Je stärker die Emotion, desto höher die Handlungsbereitschaft. Ein starkes Gefühl hat außerdem die Nebenwirkung, dass es die kritische Urteilsbildung vermindert oder sogar vollständig unterdrückt. Aufklärende Informationen werden nicht wahrgenommen (An Sitzungen wird nicht oder nur zeitweise und dann gelangweilt teilgenommen) oder ignoriert (Protokolle als „Lügenzettel" abgetan). Die Folge ist ein unreflektiertes Handeln, das im Nachhinein oft bereut wird. Typisch ist der im Zorn ausgesprochenen Rücktritt, der dann am nächsten Tag wieder rückgängig gemacht werden soll. Dies ist rechtlich jedoch nicht möglich und führt dadurch zu einer negativen Einstellung des Betroffenen.

19.2.3 Frühindikator

Bevor ein Konflikt offen ausbricht, werden häufig folgende Symptome deutlich:

Die betroffenen Vorstands- oder Vereinsmitglieder ändern ihr Verhalten, werden vielleicht unfreundlicher, mürrischer, machen ironische Bemerkungen, gehen einem aus dem Wege, kommen ständig zu spät zu Sitzungen, nehmen an gemütlichen Zusammentreffen nicht mehr teil, blockieren wichtige Informationen, sabotieren Entscheidungen, reagieren (verbal) aggressiv ...

Auf der anderen Seite sind ebenfalls Gefühle entstanden, die ein unbefangenes Hinterfragen nicht mehr zulassen. Ein freundliches: „Was ist mit Dir los, kann ich helfen"? Oder: „Lass uns mal ein Bier zusammen trinken, wir müssen mal zusammen reden" sind nicht mehr möglich.

Signale an denen man einen Konflikt erkennen kann, sind nur dann relativ sicher und eindeutig, wenn man die betreffenden Menschen gut kennt und demzufolge das oben aufgezeigte Verhalten als Veränderung interpretieren oder durch Nachfragen deuten kann.

19.3   Ursachen von Konflikten

Die Ursachen von Konflikten in Vereinen sind i. d. R.

19.3.1 Individuelle Wahrnehmungsunterschiede

Je nach individueller Vorgeschichte, Kenntnisstand, Erfahrungen, Laune und Charakter wird eine Situation unterschiedlich wahrgenommen oder verstanden. Was der eine als aufgeräumtes Clubheim bezeichnet, empfindet der andere als „Saustall".

19.3.2 Seltene oder begrenzte Mittel

Wenn die Mittel zur Erreichung der jeweiligen Ziele von zwei oder mehr Parteien benötigt werden, wird die Einschränkung der Verfügung durch andere zum Konflikt führen. Typisch für die Nutzung von Sporthallen in Vereinen. Die Hallenzeiten sind begrenzt, schnell wird versucht, dem anderen eine unzureichende Nutzung nachzuweisen.

19.3.3 Gliederung des Vereins

Die Gliederung des Vereins in Abteilungen, Verantwortlichkeiten, Weisungsbefugnissen usw. trennt die Mitglieder des Vereins. Allein diese Unterscheidung kann zu Konflikten führen, da in einer Stellvertreterfunktion die Interessen z. B. der eigenen Abteilung gegenüber anderen vertreten werden. Man schart sich hinter dem Abteilungsvorstand. Wenn dieser sich am Gesamtvorstand reibt, erklären sich die Mitglieder solidarisch, häufig mit unzureichenden Informationen.

19.3.4 Voneinander abhängige Tätigkeiten

Wenn die Ausführung einer Arbeitstätigkeit von der vorherigen Arbeit eines anderen abhängt. Die Kassenprüfer benötigen einen fertigen Jahresabschluss, dem Schatzmeister fehlen noch Zuarbeiten der Abteilungen, der Abteilungsleiter hat die von den Übungsleitern angeforderten Erklärungen noch nicht erhalten, diese wiederum bemängeln die noch offenen Restzahlungen des Schatzmeisters.

19.3.5 Funktionskonflikte

Ein Mitglied übernimmt eine Funktion, deren Ausübung mit den Funktionen anderer in Konflikt treten kann. Beispielsweise beurteilt ein Übungsleiter die Leistung eines jugendlichen Sportlers. Der Sportler, insbesondere seine Eltern, sieht die Leistung anders und unterstellen dem Trainer Voreingenommenheit, die angeblich auch noch vom Vorstand unterstützt wird.

19.3.6 Unfaire Behandlung

Unfaire Behandlung aus allen möglichen Gründen, Geschlecht, Sprache, Aussehen, Alter, Gesundheit, Herkunft, Zugehörigkeit zu einer Gruppe kann zu Konflikten führen. Dabei ist es wesentlich zu erkennen, dass Fairness und Gleichheit nicht austauschbar sind; ein 9jähriger hat in der Mitgliederversammlung nicht das gleiche Verhalten wie ein 50jähriger. Beide können nicht gleichbehandelt werden, sehr wohl aber gleich fair.

19.3.7 Verletzung des Territoriums

Jede wahrgenommene Verletzung von tatsächlichem oder ideellem Territorium wird als Konflikt wahrgenommen. Wenn also eine Person in den persönlichen Bereich einer anderen eindringt - zu dicht an diese herangeht - oder sich in dessen ideellen Bereich begibt dann ist ein Konflikt wahrscheinlich. Das kann damit beginnen, dass der Stammplatz in der Sitzung von einem anderen Kollegen besetzt wird oder dass ein anderes Mitglied die Entlastung des Vorstands beantragt als der Kassenprüfer.

19.3.8 Veränderung der Umwelt

Veränderungen der Umwelt führen zu Veränderungen im Verein. Abgesehen von vorgenannten Konfliktursachen führt die Veränderung der Umwelt zu Unsicherheit und Stress, der allein die Wahrscheinlichkeit von Konflikten im Verein erhöht. Die Übungsstunden des Gesangvereins werden in ein anderes Lokal zu anderen Zeiten verlegt. Gewohnheitsrechte gehen verloren, neue Fahrgemeinschaften müssen gebildet werden.

19.3.9 Der Stellvertreter Konflikt

Personen reiben sich im Verein ständig aneinander. Alle Vermittlungsversuche des Vorstands oder anderer Vereinskollegen scheitern. Und das, obwohl man die vermeintlichen Ursachen beseitigt hat. Oft liegt dies daran, dass die Ursache außerhalb des Vereins zu suchen ist: Man kennt sich „negativ" aus der Politik, Interesse für die gleiche Dame, hochkommende gegenseitige Verletzungen aus der Schulzeit.

19.3.10 Mehrere Ursachen

Erfahrungsgemäß ist eine Ursache allein selten der Grund für einen ausgetragenen Konflikt. Oft verstärkt sich eine Unzufriedenheit über eine längere Zeit und kommt zu einem aus einem eher nichtigen Anlass zum Ausbruch. Die Analyse der Ursachen für die Konfliktlösung oder das Management des Konfliktes werden dadurch natürlich erschwert.

19.4 Vorarbeiten

Soll ein Konflikt systematisch beendet werden, gilt es zunächst einige Vorarbeiten zu leisten.

19.4.1 Konflikt akzeptieren

Zunächst ist anzuerkennen, dass die eigenen Vorstellungen nicht automatisch auch von den anderen Vorstands- oder Vereinsmitgliedern geteilt werden. Meinungsunterschiede sind im Gruppenprozess nicht nur unvermeidlich, sondern auch notwendig! Wenn 6 Vorstandsmitglieder immer einer Meinung sind, sind 5 überflüssig.

Meinungsverschiedenheiten sind noch keine Konflikte, sie werden es aber, wenn es zu keiner Lösung kommt.

19.4.2 Konflikt analysieren

Um welche Art von Konflikt handelt es sich? Sachkonflikt, Beziehungskonflikt, Wertkonflikt.

Um welche Art von Konfliktgegenstand geht es?

Unterschiedliche Zielvorstellungen, unterschiedliche Auffassungen über die geeigneten Mittel, Kompetenzüberschneidungen oder -unklarheiten. Wichtig: Zwischen Konfliktursachen und Konfliktsymptomen unterscheiden!

19.4.3 Konfliktpunkt herausarbeiten

Die jeweiligen gegenseitigen Interessen, Erwartungen und Wünsche der Konfliktparteien sollten sachlich und möglichst genau beschrieben werden. Annahmen und Behauptungen sachlich prüfen. Informationen über Hintergründe und Vorgeschichte einholen, Wahrnehmungsverzerrungen abbauen. Dabei sollte man schon im Vorfeld möglichst viele Lösungsmöglichkeiten suchen.

Bei einem theoretischen Ansatz sind dabei folgende Konfliktstrategien möglich:

Nachgeben	Kompromiss	Durchsetzen
Auf eigene Ziele verzichten	Überzeugungsarbeit leisten	Eigener Standpunkt ist nicht verhandelbar
Konflikte unter den Teppich	Bei Entgegenkommen der anderen	Gegnerische Argumente igno-

kehren	Seite Verzicht auf Maximalforderung	rieren
Ohne eigenes Interesse verwalten	Kreative Zusammenarbeit	Mehrheitsentscheidungen durchdrücken
Rücktritt, Austritt	Kooperation, Integration	Abwahl, Ausschluss

Dass es auch hier den Weg zur „Reinen Wahrheit" wohl nicht gibt, zeigt dieses Beispiel: Der Autor erhielt in seiner Funktion als Vorsitzender eines größeren Sportvereins an einem Tag zwei kritische Briefe zu der vorangegangenen öffentlichen Vorstandssitzung:

Meinung 1: Du führst den Verein zu Autoritär und verwendest Methoden wie einst John Wayne.

Meinung 2: Du lässt Dir auf der Nase herumtanzen und musst Dich endlich einmal durchsetzen.

Dabei ging es um ein Sachthema, dass mehrheitlich entschieden wurde. Beide Mitglieder waren unzufrieden, konnten aber an der durchaus fundierten Sachentscheidung nichts Fachliches aussetzen. Also wurde der Konflikt auf die emotionale Ebene verlagert.

Nach der obigen Matrix wäre es naheliegend, bei einem Konflikt immer den Kompromiss zu suchen. Dies ist in der Realität nicht in allen Fällen möglich. Es gibt Konflikte, die lassen sich nur durch die Varianten „Nachgeben" oder „Durchsetzen" lösen.

19.5   Verfahren zur Konfliktlösung

19.5.1 Appell

Der Vorsitzende oder ein Dritter appelliert an die Streitenden, den Konflikt zu beenden. Er kann dabei durchaus auch Lösungsvorschläge präsentieren. Diese sind im Idealfall mit den Beteiligten abgesprochen. Der Appell sollte sich immer an beide Parteien richten, um einen Gesichtsverlust der einen oder anderen Seite zu vermeiden. Ein öffentlicher Appell verstärkt den Druck auf die Konfliktparteien, kann aber auch zu einer Eskalation führen.

19.5.2 Gemeinsames Gespräch

In einem gemeinsamen Gespräch der Betroffenen sollten die Beteiligten zunächst analysieren, worum es bei dem Konflikt überhaupt geht. Dabei sind Ursache und Auslöser getrennt herauszuarbeiten. Zu ermitteln wäre, welche sachlichen Aspekte und welche Verhaltensweisen eine Lösung fördern bzw. behindern. Kann sofort ein tragfähiger Kompromiss herausgearbeitet werden oder sollten alle Lösungsvorschläge noch einmal überdacht werden? Wird man sich in dieser Konstellation einig oder sollte eine oder mehrere weitere Personen eingeschaltet werden?

19.5.3 Mediation

Die Mediation ein moderiertes Gespräch. Es ist die Form des Konfliktmanagements, in welcher die Parteien ihren Konflikt weitestgehend selbst lösen. Der Mediator- wirkt unterstützend. Er fördert die Kommunikation und hilft eine Lösung zu erarbeiten, die von allen Seiten akzeptiert wird.

Der Mediator ist ein echter Vermittler. Würde er die Interessen einer Partei vertreten, wäre er nicht mehr neutral. Die Mediation ist sinnvoll aber im Verein in der Regel nur dann praktikabel, wenn die Parteien noch an einer einvernehmlichen Regelung interessiert sind. Das Interesse kann durch einen gewissen Druck des Umfelds und/oder der Öffentlichkeit gesteigert werden. In der Mediation entscheiden die Parteien selbst über den Ausgang des Konflikts. Damit haben sie es bei der Mediation selbst in der Hand eine dauerhafte Lösung zu schaffen.

19.5.4 Schlichtung

Die Schlichtung wird oft mit Mediation verwechselt. Jedoch hat der Schlichter, ebenso wie der Richter oder das Entscheidungsgremium der Vereinsgerichtsbarkeit Entscheidungskompetenz. Da sein Schlichterspruch für die Parteien verbindlich ist, besitzt er Autorität. Bei der Schlichtung entscheidet der Schlichter über den Ausgang des Konflikts.

Die Schlichtung ist wenig formell, die Parteien bestimmen selbst den Schlichter sowie das Verfahren. Die Schlichtung ist bei Konflikten im Verein deshalb schwierig, da die Parteien sich verbindlich auf einen Schlichter einigen müssen. Dies bei einem fortgeschrittenen Konflikt selten möglich.

19.5.5 Vereinsgerichtsbarkeit

Die Vereinsgerichtsbarkeit ist in der Vereinssatzung zu regeln. Lt. BGH muss ihre inhaltliche Angemessenheit unter dem Gesichtspunkt von Treu und Glauben gemäß § 242 BGB überprüfbar sein. Im Einzelnen müssen folgende Anforderungen erfüllt sein:

- Der Betroffene muss der Ordnungsgewalt des Vereins oder Verbandes unterliegen.
- Die Satzung muss eine ausreichende Grundlage für evtl. verhängte Maßnahmen bieten.
- Die Maßnahme des Vereins muss auf einem fehlerfreien Verfahren der jeweils zuständigen Vereinsinstanz beruhen.
- Allgemeine, ungeschriebene Verfahrensgrundsätze müssen eingehalten werden, die dem Betroffenen beispielsweise ausreichend Gelegenheit zur Verteidigung sowie rechtliches Gehör gewähren.

Das Gremium, das in der Vereinsgerichtsbarkeit Entscheidungen trifft, ist häufig ein Ältesten- oder Ehrenrat. Wichtig ist, dass die Betroffenen diesem Gremium nicht angehören dürfen. Die Berufung an die Mitgliederversammlung ist in der Regel möglich. In der Satzung ist auch aufzuführen, in welchen Fällen das Gremium zuständig ist und welche Strafen es verhängen kann. Viele der üblichen Konflikte werden hier nicht erfasst. Es bleibt häufig nur die Entscheidung über einen Vereinsausschluss.

19.5.6 Ordentliche Gerichte

Diese entscheiden letztendlich über einen Streit, wenn die vorher beschriebenen Maßnahmen den Konflikt nicht beilegen konnten. Wenden Sie sich in jedem Fall an einen Anwalt, wenn Sie ein Gericht anrufen wollen. Hier entscheidet dann ein (oder mehrere) Richter auf Grundlage von Gesetzen den Konflikt. Die Entscheidung, das Urteil, ist für die Konfliktparteien verbindlich. Aber: Auf hoher See und bei Gericht ist man in Gottes Hand.

19.6   Führungsverantwortung

Aus der Sicht des Vorstands gibt es im Verein u. a. folgende Konfliktsituationen, in denen er in seiner Führungsverantwortung gefordert ist:

Konflikte
- Innerhalb des Vorstands.
- Zwischen Vorstand und Mitgliedern.
- Zwischen Mitgliedern.

19.7   Konflikte innerhalb des Vorstands

19.7.1 Mögliche Konstellationen

Konflikte innerhalb des Vorstands finden in der Regel in folgenden Konstellationen statt:
- Vorsitzender gegen den Rest des Vorstands.

- Zwei gleich starke Gruppen gegeneinander.
- Die Mehrheit gegen eine Minderheit.
- Der Vorstand gegen ein einzelnes Vorstandsmitglied.

19.7.2 Von der Meinungsverschiedenheit zum Konflikt

Meinungsverschiedenheiten sind eigentlich integraler Bestandteil jeglicher Vorstandsarbeit im Verein. Wenn diese jedoch als Kampfsituationen wahrgenommen werden, entwickelt sich leicht eine Konfliktdynamik, die eine friedliche, konstruktive und gewaltfreie Regelung nicht mehr möglich macht.

Dabei ist die Einstellung, dass der eigene Vorteil nur durch den Verlust des Gegners zu erzielen sei (sogenanntes Nullsummenspiel) weit verbreitet. Man will den eigenen Vorteil durch immer intensiveren Einsatz oder striktem Beharren auf der eigenen Position wahrnehmen und dies selbst dort, wo sich Misserfolge abzuzeichnen beginnen.

Dieses Verhaltensmuster wird begleitet durch eine fortschreitende Einschränkung der Wahrnehmungs- und Entscheidungsfähigkeit. Konflikte beeinträchtigen die Wahrnehmungsfähigkeit und die Denk- und Vorstellungsebenen so sehr, dass im Lauf der Ereignisse die Dinge in uns und um uns herum nicht mehr richtig gesehen werden.

Leider führt dies dann mitunter zu einem zu einem „Endzeitkonflikt" mit der Einstellung: „Es ist mir egal ob es mir schadet, es ist mir egal ob es dem Verein schadet, wichtig ist nur, dass es meinem Gegner schadet". Wir haben erleben müssen, dass solche Konflikte zur Auflösung von Vereinen geführt haben. Begleitet von ehrabschneiderischen Anschuldigungen und unnötigen Gerichtsprozessen.

19.7.3 Entstehen von Konflikten im Vorstand

Bei Konflikten im Vereinsvorstand bestehen grundsätzlich verschieden Tendenzen:

- Ein Mitglied oder eine Gruppe ist nicht mit der Meinung bzw. dem Verhalten des ganzen Vorstands einverstanden und äußert dies auch. Dadurch wird dadurch die Einheit des Vorstands belastet. Der Vorsitzende und seine Unterstützer können sich in ihrer Kompetenz beschnitten fühlen, da der Vorsitzende und die Mehrheit ja immer „recht haben". Der Andersdenkende wird nicht ermutigt sondern bekämpft.

- Andererseits, wenn der Andersdenkende sich nicht äußert, kann es für diesen zu einem schwelenden Konflikt kommen, weil er/sie die Meinung des Vorstands über die seinige stellt. So entsteht ein Vorstand, in dem keine gruppendynamischen Prozesse mehr stattfinden, da der Vorsitzende auch der Meinungsträger ist, dem sich alle Vorstandsmitglieder unterwerfen. Irgendwann wird es entweder zu einem Rücktritt oder zu einem offenen Ausbruch des Konflikts kommen.

- Ein Einzelner oder eine Gruppe halten die Arbeit des Vorstands (Der Mehrheit incl. Vereinsvorsitzendem) für unzureichend. Sie kritisieren die Leistung, sind jedoch zu einer verstärkten Kooperation oder Mitarbeit nicht bereit. Häufig möchten sie eine Veränderung der Vereinspolitik herbeiführen, ohne dabei selbst eine größere Verantwortung übernehmen zu wollen.

- Das "Besser-Sein" als der andere in einem bestimmten Bereich, z. B. einer Abteilung, kann sich durch die Übertreibung einer eigentlich nicht vorhandenen Konkurrenzsituation negativ auf den ganzen Verein auswirken. Der „Besserwisser oder -könner" wird bekämpft, dieser fühlt sich ungerecht behandelt oder gar von seinen Kollegen gemobbt.

- Der Vorsitzende und/oder andere Mitglieder des Vorstands sind mit weiteren (neuen) Personen im Vorstand nicht einverstanden, weil sie sich tatsächlich oder vermeintlich kritisiert fühlen. Sie tun alles, um diesen die Freude an der Mitarbeit zu verderben.

19.7.4 Häufige Konflikte im Vorstand

Die uns in unserem Internetforum am häufigsten genannten Gründe für Konflikte im Vorstand und empfohlene Lösungen finden Sie in dieser Tabelle. Natürlich gibt es noch unendlich viel mehr Konfliktsituationen und noch mehr Lösungen. Auch ist sicher, dass die empfohlenen Lösungswege nicht immer funktionieren. Aber die Vorschläge sind relativ leicht umzusetzen und wenn dadurch die Vereinsarbeit wieder konfliktfreier wird, ist ein Versuch auf jeden Fall lohnend.

Konflikt	Mögliche Lösung
Kritik am Führungsverhalten des Vorsitzenden – zu autoritär oder zu wenig zielführend.	Führungsverhalten überprüfen. Ggfs. Seminar zur Vereinsführung besuchen. In einem gesonderten Treffen aller Vorstandsmitglieder die Zusammenarbeit im Vorstand überprüfen, möglichst mit Moderator.
Kritik an der Informationspolitik des Vorsitzenden oder anderer Vorstandmitglieder (Schatzmeister, Protokollführer).	In einer Arbeitsanweisung ein Informationssystem aufbauen, das von allen Beteiligten akzeptiert wird. Wann werden welche Informationen an wen gegeben. Mustertagesordnung für Vorstandssitzungen mit entsprechenden Punkten.
Vermeintliche oder tatsächliche Kompetenzüberschreitungen einzelner Vorstandsmitglieder, häufig des Vorsitzenden.	Bericht der Kassenprüfer hinzuziehen. Ggfs. externe Prüfung durchführen lassen. Kompetenzkatalog einführen oder überarbeiten.
Disziplinlosigkeiten einzelner Vorstandsmitglieder oder gesamten Vorstands außer dem Kritiker.	Verhaltensweisen über Vereinsordnungen festlegen, z. B. Sitzungsordnung die festlegt, dass in einer Sitzung nicht gegessen wird. Sanktionen bei Nichteinhalten festlegen.
Unzuverlässigkeit einzelner Vorstandsmitglieder oder des gesamten Vorstands außer dem	Über gemeinschaftliche Arbeitsanweisungen genaue Vorgaben machen. Freiwillige

Kritiker.	Unterwerfung unter Bußgeldkatalog. (5 € bei Terminüberschreitung). Neutrale Entscheidungsinstanz.
Begründetes oder unbegründetes Misstrauen gegen den Vorsitzenden oder andere Mitglieder des Vorstands.	Den geselligen Teil des Vereinslebens nicht vernachlässigen. Bewährt haben sich gemeinsame Wanderungen, da man dort mit fast jedem zwanglos reden kann. Bei einem gemeinsamen Essen geht das fast nur mit den Tischnachbarn.
Eitelkeiten anderer Vorstandsmitglieder (Vordrängen bei Presseterminen oder in der Mitgliederversammlung).	Gemeinsame gesonderte Zusammenkunft in der in moderierter Form diese Dinge angesprochen werden.
Verletzung der Verschwiegenheitspflicht.	Hinweis auf Folgen einer Verletzung der Verschwiegenheitspflicht, ggfs. Schadenersatzpflichtig.

19.8 Konflikte Vorstand / Vereinsmitglieder

19.8.1 Schwerpunkte

Bei Konflikten zwischen Vereinsmitgliedern gibt es nach unseren Erfahrungen folgende Schwerpunkte:

- Einzelne Gruppen oder Vereinsmitglieder empfinden ihre Verpflichtungen aus Beitragszahlungen oder Arbeitsstunden als nicht gerecht. Auch die Rechtmäßigkeit wird angezweifelt.
- Einzelne Gruppen oder Mitglieder fühlen sich ungerecht behandelt. Sie behaupten fehlende Informationen und vermuten eine undurchsichtige Buchführung.
- Besonders herausgehobene Mitglieder wie Ehrenvorsitzender oder Ehrenmitglieder fühlen sich unter Wert behandelt
- Ein Einzelner oder eine Gruppe halten die Arbeit des Vorstands für unzureichend. Sie kritisieren die Leistung, sind jedoch zu einer Mitarbeit nicht bereit. Häufig möchten sie eine Veränderung der Vereinspolitik herbeiführen, ohne dabei selbst eine größere Verantwortung übernehmen zu wollen.

Die uns in unserem Internetforum am häufigsten genannten Gründe für Konflikte zwischen Vorstand und Mitgliedern und mögliche Lösungen finden Sie in dieser Tabelle. Natürlich gibt es auch hier noch unendlich viel mehr Konfliktsituationen und noch mehr Lösungen. Auch ist sicher, dass die empfohlenen Lösungswege nicht immer funktionieren. Die Lösungsvorschläge haben soweit möglich das Ziel die Mitglieder oder die Gruppen im Verein zu halten.

Konflikte zwischen Vorstand und Mitgliedern

Konflikt	Mögliche Lösung
Ein Vereinsmitglied ist mit dem Verhalten des ganzen Vorstands nicht einverstanden und äußert dies auch. Leider mehr außerhalb als innerhalb des Vereins.	Mit dem Mitglied ein Gespräch führen. Es auffordern, seine Kritik in der Mitgliederversammlung vorzubringen. Eigenen Tagesordnungspunkt anbieten. Auf Treuepflicht hinweisen.
Ein Vereinsmitglied fühlt sich vom Vorstand gemobbt.	Eigenes Verhalten überprüfen. Ein Gespräch führen, ggfs. unter Moderation eines Dritten. Gründe für „Mobbing" herausfinden und wenn möglich abstellen.
Beitragsverpflichtungen werden nicht anerkannt.	Auf Beschlüsse der Mitgliederversammlung verweisen. Hinweis: Vorstand ist verpflichtet, Beiträge einzuziehen, sonst Tatbestand der Untreue möglich. Bei Uneinsichtigkeit Ausschlussverfahren einleiten.
Arbeitsstunden werden nicht geleistet.	Gründe erfragen. Auf Beschlüsse der Mitgliederversammlung verweisen. Hinweis: Vorstand ist verpflichtet, Arbeitsstunden einzufordern, sonst Tatbestand der Untreue möglich. Bei Uneinsichtigkeit Ausschlussverfahren einleiten.
Die Funktion des Ehrenvorsitzenden oder eines Ehrenmitglieds wird un-	Innerhalb einer Ehrungsordnung Rechte und Pflichten eines Ehrenvorsitzenden oder eines Ehrenmitgliedes

terschiedlich interpretiert.	exakt beschreiben. Beteiligte bei Entwurf einbinden.
Eine Abteilung des Vereins fühlt sich benachteiligt und möchte einen eigenen Verein gründen.	Gründe für vermeintliche Benachteiligung herausfinden. Wenn möglich Abhilfe schaffen. Mit Beteiligten nach Lösungen für einen Verbleib im Verein suchen. Ggfs. ausgewogen besetzten Arbeitskreis beauftragen.
Die Eltern eines Vereinsmitgliedes sind mit der Leistung des Jugendbereiches unzufrieden und vermuten eine Zurücksetzung ihres Kindes.	Elternabend, auf der Vorstand und/oder der Jugendwart/in und/oder der Übungsleiter ihr Konzept erläutern. Sonderbehandlungen anlehnen.
Ein neues Vereinsmitglied fühlt sich nicht integriert.	Soweit möglich, Mitarbeit in Gremien anbieten. Partnerschaft mit langjährigen Vereinsmitgliedern vermitteln.
Die Informationspolitik wird kritisiert, insbesondere der Protokollverteiler.	Vereinsordnung zur Informationspolitik als Teil der Ablauforganisation. Auch Grenzen aufzeigen: Vorstandsprotokolle stehen grundsätzlich den Mitgliedern nicht zur Verfügung.
Vorschläge und Ideen der Mitglieder werden vom Vorstand nicht oder nur unzureichend umgesetzt.	Soweit möglich, den Mitgliedern Gelegenheit geben, ihre Vorschläge und Ideen selbst im Rahmen der Möglichkeiten des Vereins umzusetzen.
Das Führungsverhalten des Vorstands ist zu lasch oder zu autoritär. Allgemeine Kritik.	Grundsätzlich auf die Mitgliederversammlung verweisen. Eigenes Verhalten überprüfen, ggfs. mit wohlgesonnenen Kollegen beraten.

19.9   *Konflikte zwischen Vereinsmitgliedern*

19.9.1 Unerkannte Konflikte

Diese Konflikte kommen wohl häufiger vor, als das dies der Vorstand zur Kenntnis bekommt. Die Folge ist, dass eines oder mehrere Mitglieder austreten, ohne dass die Gründe erkennbar sind. Wäre frühzeitig eingegriffen worden, hätten die Austritte vielleicht verhindert werden können.

Bei Konflikten zwischen Vereinsmitgliedern oder Gruppen im Verein geht es häufig um vermeintliche Bevorzugung oder Benachteiligung von Mitgliedern oder Gruppen. Fehlende Integration neuer Mitglieder wird ebenso genannt wie Konflikte aufgrund unterschiedlicher persönlicher Empfindungen.

Diese Konflikte werden gefördert durch den unterschiedlichen Kenntnisstand der Mitglieder über vereinsinterne Regelungen. Nur wenige kennen die Satzung oder entsprechende Vereinsordnung. Ein vermeintliches Gewohnheitsrecht wird von dem einen zulasten des anderen für sich reklamiert.

19.9.2 Lösungen bei Konflikten zwischen Vereinsmitgliedern

Bei diesen Konflikten gehen wir nicht auf Einzelfälle ein, da diese zu vielschichtig sind. Unsere Lösungsansätze sind daher allgemein gehalten. Wir versuchen, durch organisatorische Maßnahmen, die Konflikte zu beseitigen bzw. gar nicht erst aufkommen zu lassen.

Zunächst ist wichtig, dass das Vertrauensverhältnis zwischen Vorstand und Mitgliedern so groß ist, dass die Konflikte auch dem Vorstand zur Kenntnis gelangen. Dazu gehört, dass Vereinsmitglieder den Vorstand möglichst unkompliziert erreichen können, sei es in einer Sprechstunde oder per E-Mail.

Es hat sich bewährt, wenn der Vorstand die Zusammenkünfte (Übungsabende, Wettkämpfe, Vorträge, Ausstellungen) dann und wann besucht, um auch dort die Vereinsmitglieder zu erreichen, die sonst vielleicht nicht zur Mitgliederversammlung gehen.

Die Mitglieder sollten einen möglichst hohen Informationsstand über die Interna des Vereins haben. Die Satzung sollte in der Geschäftsstelle ausliegen und im Internet veröffentlicht sein.

Neben der eigentlichen Vereinstätigkeit sollte auch der gesellige Teil nicht zu kurz kommen. Dort „traut" sich das eine oder andere Mitglied eher, den Vorstand anzusprechen.

Für Neumitglieder Patenschaften einrichten.

Ggfs. eine Schiedsstelle einrichten, bei der unkompliziert kleinere Konflikte sofort ausgeräumt werden können.

19.9.3 Verhalten bei Konflikten zwischen Vereinsmitgliedern

Ist der Konflikt zwischen Vereinsmitglieder oder Vereinsgruppen beim Vorstand angekommen und anderweitig nicht lösbar sind Sie als Vorstand gefordert. Bereiten Sie sich gut auf die Gespräche vor (Ziele, Ablauf, Argumente, Fragen). Die Konfliktpartner sind trotz evtl. anderer Wertvorstellungen und Verhaltensweisen als Persönlichkeit zu akzeptieren. Sie können die nachfolgende Matrix als Handlungsanleitung nutzen:

Schlagwort	Erläuterung
Erwartungen gegenüber den Möglichkeiten des Vorstands herunterschrauben.	Der Vorstand kann nur helfen, wenn beide Konfliktparteien an einer Lösung interessiert sind. Vermeiden Sie Drohungen oder Vorverurteilungen. Suchen Sie, was richtig ist, nicht wer Recht hat.

Eigene Erwartungen an die Konfliktparteien deutlich machen.	Kompromissbereitschaft fordern. An Regeln des Vereins halten. Vereinsinteresse geht vor. Keine Generalabrechnung versuchen. Keine alten „Hüte" hervorkramen.
Ursache des Konflikts herausfinden.	Beide Konfliktparteien möglichst getrennt befragen.
Sachliche Ursachen in den Vordergrund stellen.	Bisher im Streit gefallene Äußerungen und ggfs. Beleidigungen müssen erst einmal vom Tisch. Entsprechende Aufforderung an die Konfliktparteien.
Missverständnisse deutlich machen	Vermeintliches Gewohnheitsrecht enttarnen, Regelungen des Vereins deutlich machen.
Konfliktparteien dazu bringen, das Problem des anderen zu verstehen	Bitten Sie wechselseitig die eine Partei, ihre Argumente zu nennen und die andere, nur zuzuhören. Argumente zusammenfassen und nach Gemeinsamkeiten suchen.
Lösungsvorschläge durch Konfliktparteien	Bitten Sie beide Parteien, Ihnen Lösungsvorschläge zu nennen. Gesucht werden Lösungen, keine Sündenböcke. Die Gespräche sollten getrennt voneinander geführt werden. Ermitteln Sie, ob eine gemeinsame Lösung möglich ist. Achten Sie darauf, dass keine der Parteien in die Enge getrieben wird und beide ihre „Gesicht wahren können"

Lösungsvorschlag durch Vorstand	Wenn keine gemeinsame Lösung zustande gekommen ist, präsentieren Sie den Lösungsvorschlag des Vorstands. Dieser muss verbindlich sein für beide Parteien mit entsprechender Sanktionsmöglichkeit.

20 Die richtige Organisation

Eine gute Vereinsorganisation ermöglicht die praktische Umsetzung der Vereinsaufgaben und -grundsätze sowie der Vereinsziele. Dabei gliedert sich der Bereich des "Organisierens" in zwei Teilbereiche: Die Aufbauorganisation und die Ablauforganisation

20.1 Die Aufbauorganisation

20.1.1 Vom Groben zum Detail

Die Aufbauorganisation gliedert die Gesamtaufgaben des Vereins in Einzelaufgaben. Eine durchdachte Aufbauorganisation Ihres Vereins ordnet die Strukturen und Aufgaben und vermeidet Reibungsverluste. Schriftlich fixiert sollten sein:

- Aufbau der Organe und Gremien und ihre hierarchische Einordnung.

- Aufgaben und deren Zuordnung.

- Kommunikationsbeziehungen.

20.1.2 Organe und Gremien des Vereins

20.1.2.1 Eine Bestandsaufnahme

In der Satzung Ihres Vereins sind zumindest der Vorstand (Geschäftsführender Vorstand), die Mitgliederversammlung als erforderliche Organe Ihres Vereins und die Kassenprüfer genannt. Weitere Organe können z. B. sein: Der erweiterte Vorstand (nicht identisch mit dem geschäftsführenden Vorstand) und Spartenvorstände sowie Ältestenrat und Ehrenrat. Von Vorstand oder Mitgliederversammlung können weitere Gremien eingerichtet werden wie Arbeitskreise oder regelmäßige Informationsabende (Letztere z. B. als Elternabende für im Verein aktive Kinder).

Alle Gremien des Vereins haben unterschiedliche Aufgaben, keines gleicht dem anderen in Zusammensetzung, hierarchischer Einordnung, Mitgliederzahl und Anforderungen an die Mitglieder. Es gibt Gremien, die entscheiden, andere kontrollieren, wieder andere haben eine beratende Funktion. Auch gibt es Einrichtungen, die der Information und/oder der Motivation dienen. Eine übersichtliche Darstellung erhalten Sie durch ein Organigramm.

20.1.2.2   Die Mitgliederversammlung

Das höchste Organ des Vereins ist die Mitgliederversammlung. Von den Teilnehmern wird lediglich - aber immerhin - verlangt, dass sie Mitglied des Vereins sind und sich damit zu den satzungsmäßigen Aufgaben und Zielen des Vereins bekennen. Das Stimmrecht der Jugendlichen ist jedoch häufig eingeschränkt. Die Aufgabe der Mitgliederversammlung ist sowohl Beschlüsse zu fassen als auch Kontrollpflichten wahrzunehmen. Eine zahlenmäßige Begrenzung der Teilnehmer an einer Mitgliederversammlung ist nicht möglich.

20.1.2.3   Der geschäftsführende Vorstand

Der geschäftsführende Vorstand ist der Mitgliederversammlung verantwortlich. Da in ihm sehr viele und wichtige Entscheidungen zu fällen sind, sollte im Interesse einer akzeptablen Entscheidungsgeschwindigkeit der Geschäftsführende Vorstand aus nicht mehr als 5 Mitgliedern bestehen.

Neben einem überdurchschnittlichen Interesse für die Vereinsarbeit sollten Mitgliedern eines Vereinsvorstands Qualitäten in der Mens-

chenführung und spezielles fachliches Wissen für das übernommene Ressort (Finanzen, Öffentlichkeitsarbeit) vorhanden sein oder die
Bereitschaft bestehen, dieses Wissen sich anzueignen. Der geschäftsführende Vorstand ist i. d. R. identisch mit dem Vorstand
nach § 26 BGB. Dies muss aber nicht sein. Der geschäftsführende
Vorstand entscheidet, der Vorstand nach § 26 BGB vertritt den
Verein, d. h., er schließt z. B. die vom Geschäftsführenden Vorstand
beschlossenen Verträge. Der Geschäftsführende Vorstand hat
i. d. R. Linienverantwortung, d. h. ihm ist ein Ressort unterstellt. Die
Unterscheidung zwischen „Geschäftsführendem Vorstand" und
„Erweitertem Vorstand" wird in vielen Satzungen gemacht. Sie wird
ohne weitere Erläuterungen von einigen Registergerichten nicht
akzeptiert und sollte bei einer Satzungsänderung vorher mit dem
Rechtspfleger abgestimmt werden.

20.1.2.4 Kassenprüfer

Die Kassenprüfer sind ebenfalls der Mitgliederversammlung verantwortlich und nicht etwa dem Vorstand. Je nach Umfang der
satzungsmäßigen Anforderungen (fortlaufende Prüfung bzw. nur
Prüfung des Jahresabschlusses) wird ihre Anzahl nicht höher als 4
sein. Neben einigen Vorkenntnissen in der Buchführung sollten sie
vertraut sein mit den vereinsinternen Vorgängen. Idealerweise
haben sie schon einmal im Vorstand des Vereins mitgearbeitet.

20.1.3 Weitere Möglichkeiten

20.1.3.1 Der erweiterte Vorstand

Der erweiterte Vorstand (bei einer fachorientierten Organisation
z. B. erweitert um die Spartenleiter) ist i. d. R. ein beratendes Gremium, das Empfehlungen an den geschäftsführenden Vorstand
ausspricht und von diesem über die wichtigen Angelegenheiten im
Verein informiert wird. In alten Satzungen wird jedoch häufig zwischen Vorstand nach § 26 BGB und erweitertem Vorstand unterschieden. Dann ist der erweiterte Vorstand das Beschlussorgan.

Die Mitgliederzahl ist durch Satzung, z. B. durch die Anzahl der Sparten, vorgegeben. Bei wesentlich mehr als 12 Mitgliedern werden Sie jedoch feststellen, dass eine fachlich tiefer gehende Diskussion erschwert wird, und als Aufgabe für dieses Gremium nur noch die Information bleibt. Die Anforderungen an die Mitglieder sind, soweit diese Fachaufgaben erfüllen müssen, mit denen des geschäftsführenden Vorstands identisch.

20.1.3.2 Der Ältesten- oder Ehrenrat

Die Aufgaben des Ältesten- oder Ehrenrats ergeben sich aus der Satzung oder der Geschäftsanweisung für den Ältestenrat. In der Regel ist es ein Gremium, das den Vorstand in Fragen der Traditionspflege berät und als Schlichtungsorgan bei Streitigkeiten zwischen Vorstand und Mitgliedern fungiert. In den Ältestenrat sollten Mitglieder berufen werden, die in der Vereinsarbeit erfahren sind und möglichst schon an verantwortlicher Stelle im Verein gearbeitet haben. Juristische Vorkenntnisse bei einem der Mitglieder sind von Vorteil.

20.1.3.3 Der Spartenvorstand

Die Gliederung des Vereins in Sparten ist insbesondere bei Sportvereinen anzutreffen. Der Spartenvorstand ist dem geschäftsführenden Vorstand verantwortlich. Da er die Verbindungsstelle von der Vereinsleitung zu den Aktiven ist, werden neben spartenspezifischem Wissen hohe Anforderungen an Menschenkenntnis und Menschenführung gestellt. Entscheidungen im Spartenvorstand betreffen häufig das Tagesgeschäft und dulden damit selten Aufschub, so sollte der engere Spartenvorstand auf maximal drei Mitglieder beschränkt sein.

20.1.3.4 Arbeitskreise

Arbeitskreise haben in der Regel keine eigene Entscheidungskompetenz, sie beraten den Vorstand oder die Mitgliederversammlung und sprechen zu ihrer Aufgabenstellung Empfehlungen aus. Die

Mitglieder werden nach fachlichen und vereinsorganisatorischen Gesichtspunkten ausgewählt. (z. B. Neubau eines Vereinsheims: Ein Architekt, ein Bankkaufmann, ein Handwerker und der Schatzmeister des Vereins.) Um eine intensive und vertrauensvolle Beratung zu ermöglichen, sollte ein Arbeitskreis aus nicht mehr als sechs Mitgliedern bestehen.

20.1.3.5 Informationsveranstaltungen

Informationsveranstaltungen dienen der Information und der Motivation eines bestimmten Personenkreises. Neben einmaligen Informationsveranstaltungen (Eine neue Sparte stellt sich vor) sind auch regelmäßige Informationsveranstaltungen denkbar (Tag der offenen Tür, Elternabend). Bei einer Informationsveranstaltung erwarten die Gäste ein hohes Maß an Fachkompetenz von den Durchführenden. Sie ist immer auch eine Angelegenheit des Vorstands.

20.1.4 Was ist zu tun und wer tut es?

Um die Aufgabenbeziehungen zu regeln, müssen die Aufgaben vollständig bekannt sein. Also gilt es, alle im Verein anfallenden Aufgaben zu erfassen. Dabei sollten Sie nicht zu sehr ins Detail gehen, sondern gleichartige oder artverwandte Aufgaben zusammenfassen.

Diese Aufgaben werden dann auf die Mitglieder Ihres Vereinsvorstands und/oder weitere Mitglieder verteilt. Dies geschieht selbstverständlich auf freiwilliger Basis. Achten Sie darauf, dass die Aufgaben vom Übernehmenden auch bewältigt werden können. Zum einen sollte die fachliche Qualifikation vorhanden sein oder aber, z. B. durch Lehrgänge, erworben werden können. Noch wichtiger ist oftmals, dass auch das Mengenvolumen bewältigt werden kann. Sie kennen Ihre "Pappenheimer", einige übernehmen in der Euphorie einer gut gelungenen Vorstandssitzung jede nur denkbare Aufgabe, um drei Tage später sich laut über die nicht zu schaffende Arbeitsmenge zu beklagen. Das Aufgabendiagramm

Besonders übersichtlich wird die Aufgabenerhebung und -verteilung, wenn Sie ein sogenanntes Aufgabendiagramm benutzen. Dieses Aufgabendiagramm enthält die Summe aller Aufgaben des Vereins und die an der Aufgabenerfüllung beteiligten Stellen (und damit Mitglieder).

	Aufgabe	Erläuterungen	Funktion
1	Koordination der VS-Arbeit	Einladung zu Sitzungen, Vorbereitung der Tagesordnung, Protokoll, Überwachung der Umsetzung von Beschlüssen.	1.Vors.
2	Rechts- und Grundsatzfragen	Pflege der Vereinssatzung. Überwachung und Pflege der Vereinsgrundsätze.	1.Vors.
3	Organisation	Erarbeitung von Konzepten zur Aufbau- und Ablauforganisation des Vereins.	Sportwart
4	Wettkampf- und Leistungssport	Sicherung der Durchführung des Wettkampf- und Leistungssports in Zusammenarbeit mit den Abteilungen.	Sportwart
5	Hallen- und Spielzeiten	Vergabe der Hallen- Sportplatz- und Spielzeiten. Überwachung der sportgerechten Nutzung.	1.Vors.
6	Mitgliederbetreuung	Durchführung von Maßnahmen und Veranstaltungen zur	2.Vors.

		Verbesserung der Anbindung der Mitglieder an den Verein.	
7	Ehrungen	Überwachung der Durchführung von Ehrungen im Rahmen der Ehrungsordnung.	2.Vors.
8	Mitgliedergewinnung	Ansprechpartner für neue Mitglieder. Einbinden neuer Mitglieder z. B. durch Veranstaltung von Infoabenden.	2.Vors.
9	Sponsoren, Förderer	Betreuung von Sponsoren und Förderern. Marketingkonzepte, Durchführung von Aktionen.	2.Vors.
10	Buchführung	Durchführung der Finanzbuchführung des Vereins incl. Jahresabschluss und Statistiken. Zahlung von Übungsleiterentschädigungen, Reisekosten etc.	Schatzmeister
11	Steuern	Sicherstellung der Beachtung steuerlicher Vorschriften in allen Bereichen des Vereins.	Schatzmeister
12	Mitgliederverwaltung	Verwaltung des Mitgliederbestandes. Beitragswesen. Bericht über den Mitgliederstand und dessen Entwicklung.	Mitgliederwartin

13	Vereinsdienst	Organisation und Überwachung der den Mitgliedern vorgegebenen Arbeitsstunden.	Mitgliederwartin
14	Jugendarbeit	Sicherstellung einer angemessenen Jugendarbeit in allen Abteilungen.	Jugendwartin
15	Ansprechpartner für Jugendliche	Abteilungsübergreifender Ansprechpartner für jugendliche Vereinsmitglieder.	Jugendwartin
16	Ansprechpartner für Eltern	Abteilungsübergreifender Ansprechpartner für die Erziehungsberechtigten jugendlicher Vereinsmitglieder.	Jugendwartin
17	Freizeit- und Breitensport	Sicherung der Durchführung und Entwicklung von Initiativen im Freizeit- und Breitensport.	Frauenwartin
18	Frauenwart	Sicherstellung eines angemessenen Angebotes an sportinteressierte Frauen.	Frauenwartin
19	Öffentlichkeitsarbeit	Pressearbeit, Artikel verfassen über die Arbeit des Vorstands und des Gesamtvereins. Sicherstellung einer angemessenen Pressearbeit in den Abteilungen.	Pressewart

20	Öffentlichkeitsarbeit	Veranstaltungen im Rahmen der Öffentlichkeitsarbeit, Organisation und Überwachung der Durchführung.	Pressewart
21	Aus- und Fortbildung	Aus- und Fortbildung der Übungsleiter. Sicherstellung der Anwendung aktueller Trainingsmethoden.	Ausbildungswart
22	Aus- und Fortbildung	Aus- und Fortbildung der ehrenamtlich tätigen Mitglieder (ohne Übungsleiter). Sicherstellung aktueller Kenntnisse in Vereinsführung, Recht und Steuern.	Ausbildungswart
23	Anlagenverwaltung und -Pflege	Sportanlage Exerzierplatz: Ausübung des Hausrechts gegenüber Nichtmitgliedern. Überwachung der Anlage, insbesondere in nutzungsfreien Zeiten.	Ausbildungswart
24	Anlagenverwaltung und -Pflege	Aufnahme und Sicherstellung der mobilen und immobilen Vermögenswerte des Vereins. Durchführung der Inventur zur Erstellung des Jahresabschlusses.	Anlagenwart

25	Versicherun-gen	Überprüfung und Aktualisierung der Versicherungen des Vereins.	Anlagenwart
26	Zuschüsse	Überprüfung der Zuschusslage öffentlicher Stellen.	Anlagenwart

20.1.5 Stellenbeschreibungen

Sollten Sie zur Bewältigung der gestellten Aufgaben mehr als zehn ehrenamtliche Funktionsträger benötigen und ist mit einer normalen Fluktuation zu rechnen, können Stellenbeschreibungen manches Problem lösen helfen. Insbesondere sind Stellenbeschreibungen erforderlich, wenn für mehrere Übungsleiter Aufwandsentschädigungen oder Gehälter gezahlt werden, der Verein also als Arbeitgeber auftritt.

In einer Stellenbeschreibung (auch Pflichtenheft oder Positionsbeschreibung genannt) werden neben der

- Bezeichnung der Stelle,

- die Aufgaben,

- die Kompetenzen,

- die hierarchische Einordnung mit

- Stellvertreter und Stellvertretung,

- eventuell die Mitarbeit in Gremien des

- Vereins und

- das Anforderungsprofil

zusammengefasst. Wird für diese Stelle eine Aufwandsentschädigung oder sogar ein Gehalt gezahlt, ist dies ebenfalls zu vermerken. Möchten Sie z. B. einen neuen Chorleiter für Ihren Gesangverein gewinnen, können Sie ihm schon im ersten Gespräch erschöpfend Auskunft zu den genannten Themen geben.

Die Zusammenfassung aller Stellen ist der Stellenplan Ihres Vereins, der übersichtlich aufzeigt

- wie viele ehrenamtliche Mitarbeiter Sie benötigen,

- wie viele Kosten im Jahr aus diesem Bereich auf den Verein zukommen,

- welche Anforderungen an die ehrenamtlichen Mitarbeiter gestellt werden müssen.

Im Übrigen ist solch ein Stellenplan auch eine gute Argumentationshilfe, wenn es darum geht, Zuschüsse öffentlicher Stellen einzufordern oder Spenden bei den Unternehmen Ihres Einzugsgebietes zu erbitten. (Argument: Um unsere Arbeit mit den über 300 Kindern fortzusetzen, sind allein 15 Übungsleiter erforderlich, denen wir zumindest die Fahrtkosten erstatten wollen).

20.1.6 Muster-Stellenbeschreibungen

1. Vorsitzender

Bezeichnung der Stelle	1. Vorsitzender
Vorgesetzte Stelle Fachlich	- Vorstand nach § 26 BGB
Vorgesetzte Stelle Persönlich	- Mitgliederversammlung
Nachgeordnete Stellen	Pressewart

Allgemeine Weisungsrechte	Gegenüber allen Mitgliedern auf Einhaltung der satzungsrechtlichen Vorschriften, Gegenüber den Vorstandsmitgliedern, dem Vorstand und der Mitgliederversammlung auf Einhaltung des rechtlichen und satzungsmäßigen Rahmens bei Beschlussvorlagen.
Spezielle Weisungsrechte	Als Sitzungsleiter der Vorstandssitzungen und der Mitgliederversammlung, Ausübung des Hausrechts.
Wird vertreten durch	2. Vorsitzenden
Ist Vertreter von	2. Vorsitzenden
Geschäftsführungsaufgaben	Einladung zu Sitzungen, Vorbereitung der Tagesordnung, Protokoll, Überwachung der Umsetzung von Beschlüssen, Pflege der Vereinssatzung. Überwachung und Pflege der Vereinsgrundsätze, Erarbeitung von Konzepten zur Aufbau- und Ablauforganisation des Vereins.
Mitglied der Gremien	Vorstand nach § 26 BGB, Erweiterter Vorstand.
Allgemeine Vollmachten	Vertretung des Vereins nach § 26 BGB zusammen mit einem weiteren Vorstandsmitglied

Kontovollmachten	Girokonto Nr.111 bei der Sparkasse, Girokonto Nr. 222 bei der Volksbank.
Sonstige Vollmachten	Postschließfach
Kompetenzen	Euro 500,-- Verwaltungskosten jährlich.
Schlüssel in Verwahrung	Geschäftsstelle
Berichtet an	Gesamtvorstand
Erhält Protokolle von	Mitgliederversammlung, Vorstandssitzung, Sitzung Erweiterter Vorstand, Abteilungsvorstandsitzungen.
Verbandsgremien	keine
Aufwandsentschädigung	Gegen Nachweis

20.1.6.1   2. Vorsitzender

Bezeichnung der Stelle	2. Vorsitzender
Vorgesetzte Stelle - Fachlich	Vorstand nach § 26 BGB
Vorgesetzte Stelle - Persönlich	Mitgliederversammlung
Nachgeordnete Stellen	Jugendwartin
Allgemeine Weisungsrechte	Gegenüber allen Mitgliedern auf Einhaltung der satzungsrechtli-

	chen Vorschriften.
Spezielle Weisungsrechte	Ausübung des Hausrechts.
Wird vertreten durch	1. Vorsitzenden
Ist Vertreter von	1. Vorsitzenden
Geschäftsführungsaufgaben	Betreuung von Sponsoren und Förderern. Marketingkonzepte, Durchführung von Aktionen, Aus- und Fortbildung der Übungsleiter. Sicherstellung der Anwendung aktueller Trainingsmethoden, Aus- und Fortbildung der ehrenamtlich tätigen Mitglieder (ohne Übungsleiter). Sicherstellung aktueller Kenntnisse in Vereinsführung, Recht und Steuern.
Mitglied der Gremien	Vorstand nach § 26 BGB, Erweiterter Vorstand.
Allgemeine Vollmachten	Vertretung des Vereins nach § 26 BGB zusammen mit einem weiteren Vorstandsmitglied.
Kontovollmachten	Girokonto Nr.111 bei der Sparkasse, Girokonto Nr. 222 bei der Volksbank.
Sonstige Vollmachten	Postschließfach
Kompetenzen	Euro 500,-- Verwaltungskosten jährlich.

Schlüssel in Verwahrung	Geschäftsstelle
Berichtet an	Gesamtvorstand
Erhält Protokolle von	Mitgliederversammlung, Vorstandssitzung, Sitzung Erweiterter Vorstand, Abteilungsvorstandsitzungen.
Verbandsgremien	keine
Aufwandsentschädigung	Gegen Nachweis

20.1.6.2 Schatzmeister

Bezeichnung der Stelle	Schatzmeister
Vorgesetzte Stelle - Fachlich	Vorstand nach § 26 BGB
Vorgesetzte Stelle - Persönlich	Mitgliederversammlung
Nachgeordnete Stellen	
Allgemeine Weisungsrechte	Gegenüber allen Mitgliedern auf Einhaltung der satzungsrechtlichen Vorschriften.
Spezielle Weisungsrechte	Ausübung des Hausrechts, Alle Mitglieder in finanz- und steuerrechtlichen Angelegenheiten.
Wird vertreten durch	Mitgliederwartin
Ist Vertreter von	Mitgliederwartin

Geschäftsführungs-aufgaben	Durchführung der Finanzbuchführung des Vereins incl. Jahresabschluss und Statistiken. Zahlung von Übungsleiterentschädigungen, Reisekosten etc. Sicherstellung der Beachtung steuerlicher Vorschriften in allen Bereichen des Vereins, Überprüfung und Aktualisierung der Versicherungen des Vereins, Aufnahme und Sicherstellung der mobilen und immobilen Vermögenswerte des Vereins. Durchführung der Inventur zur Erstellung des Jahresabschlusses.
Mitglied der Gremien	Geschäftsf. Vorstand, Erweiterter Vorstand.
Allgemeine Vollmachten	Vertretung des Vereins nach § 26 BGB zusammen mit einem weiteren Vorstandsmitglied.
Kontovollmachten	Girokonto Nr.111 bei der Sparkasse, Girokonto Nr. 222 bei der Volksbank.
Sonstige Vollmachten	Postschließfach
Kompetenzen	Euro 500,-- Verwaltungskosten jährlich.
Schlüssel in Verwahrung	Geschäftsstelle
Berichtet an	Gesamtvorstand
Erhält Protokolle von	Mitgliederversammlung, Vorstandssitzung, Sitzung Erweiterter Vorstand, Abteilungsvorstandsitzungen.

Verbandsgremien	keine
Aufwandsentschädigung	Gegen Nachweis.

20.1.6.3 Geschäftsführerin

Bezeichnung der Stelle	Geschäftsführerin
Vorgesetzte Stelle - Fachlich	Vorstand nach § 26 BGB
Vorgesetzte Stelle - Persönlich	Mitgliederversammlung
Nachgeordnete Stellen	Mitarbeiterin der Geschäftsstelle.
Allgemeine Weisungsrechte	Gegenüber allen Mitgliedern auf Einhaltung der satzungsrechtlichen Vorschriften.
Spezielle Weisungsrechte	Ausübung des Hausrechts, alle Vereinsmitglieder in Sachen allgemeiner Vereinsverwaltung und Mitgliederverwaltung.
Wird vertreten durch	Schatzmeister
Ist Vertreter von	Schatzmeister

Geschäftsführungsaufgaben	Durchführung von Maßnahmen und Veranstaltungen zur Verbesserung der Anbindung der Mitglieder an den Verein, Überwachung der Durchführung von Ehrungen im Rahmen der Ehrungsordnung, Ansprechpartner für neue Mitglieder. Einbinden neuer Mitglieder z. B. durch Veranstaltung von Infoabenden, Verwaltung des Mitgliederbestandes. Beitragswesen. Bericht über den Mitgliederstand und dessen Entwicklung.
Mitglied der Gremien	Geschäftsf. Vorstand, Erweiterter Vorstand,
Allgemeine Vollmachten	Vertretung des Vereins nach § 26 BGB zusammen mit einem weiteren Vorstandsmitglied.
Kontovollmachten	Girokonto Nr.111 bei der Sparkasse, Girokonto Nr. 222 bei der Volksbank.
Sonstige Vollmachten	Postschließfach
Kompetenzen	DM 500,-- Verwaltungskosten jährlich
Schlüssel in Verwahrung	Geschäftsstelle

Berichtet an	Gesamtvorstand
Erhält Protokolle von	Mitgliederversammlung, Vorstandssitzung, Sitzung Erweiterter Vorstand, Abteilungsvorstandsitzungen.
Verbandsgremien	keine
Aufwandsentschädigung	keine

20.1.7 Kompetenzen / Vollmachten

In einem tabellarischen Kompetenzkatalog werden die Befugnisse der Aufgabenträger festgelegt und können allen Vereinsmitgliedern leicht zugänglich gemacht werden. Die Delegation von Kompetenzen entlastet den Vorstand und motiviert die Vereinsmitglieder. Auch Vollmachen (Vertretungsvollmacht) können in einem begrenzten Umfang delegiert werden.

Im Rahmen seiner Kompetenzen und Vollmachten ist jeder für seine Handlungen verantwortlich. Für eine vertrauensvolle Zusammenarbeit ist es wichtig, dass notwendige Informationen im Vorstand angesprochen werden.

20.1.8 Kompetenzen (Muster-Geschäftsanweisung)

Kompetenzen sind Geschäftsführungsbefugnisse des Vorstands gemäß §..... der Vereinssatzung, die dieser gemäß § ..... der Vereinssatzung auf einzelne seiner Mitglieder oder auf Dritte ausdrücklich überträgt.

Für die sich aus der Ausübung eines Ehrenamtes im normalen Vereinsbetrieb üblicherweise ergebenden Tätigkeiten und Anordnungen sind Kompetenzen nicht erforderlich.

Kompetenzen dienen der sinnvollen Gestaltung und rationellen Durchführung des Vereinsbetriebes. Sie dürfen nicht willkürlich ausgeübt werden.

Kompetenzen werden im Einzelfall eingeschränkt durch gesetzliche oder satzungsmäßige Regelungen, Vereinsordnungen oder Beschlüsse der Mitgliederversammlung oder des Vorstands sowie die finanziellen und organisatorischen Rahmenbedingungen des Vereins.

Einer Stelle zugeordnete Kompetenzen gehen mit der Annahme eines Ehrenamtes automatisch auf den Amtsinhaber über, es sei denn, das zuständige Gremium entscheidet anders.

Die Kompetenzen dürfen vom Amtsinhaber nur im eigenen Zuständigkeitsbereich ausgeübt werden.

Soweit eine Regelung für den Vertretungsfall vorgesehen ist, darf die Vertretungskompetenz nur ausgeübt werden, wenn der zu Vertretende abwesend ist und die Entscheidung keinen Aufschub duldet.

Bei Befangenheit, insbesondere in eigenen Angelegenheiten, dürfen die Kompetenzen nicht ausgeübt werden.

20.2 Die Ablauforganisation,

20.2.1 Ein geregeltes Vereinsleben

Eine an den im Vereinsleben vorkommenden Regelfällen orientierte Ablauforganisation schafft die Voraussetzungen für die Durchführung Ihrer Pläne. Zusammengehörende Aufgaben werden von derselben Person wahrgenommen. Arbeitsmittel (Musikinstrumente, Sportgeräte) werden optimal eingesetzt. Die richtige Information kommt an die richtige Stelle.

20.2.2 Schriftliche Unterlagen?

In jedem Verein gibt es ungeschriebene Gesetze und Regeln, ohne die ein geordnetes und erfolgreiches miteinander arbeiten nicht möglich wäre. Diese Regeln erreichen, wenn sie denn gut sind, dass der Aufwand an Sachmitteln und Zeit möglichst gering gehalten wird. Hat Ihr Verein mehr als 100 Mitglieder oder mehr als 2 Sparten? Müssen die Aufgaben auf verschiedene Mitglieder verteilt werden? Besteht bei einem Wechsel in einer Funktion (Vorstand, Übungsleiter, Betreuer etc.) die Gefahr, dass feststehende Regeln nicht oder nur unzureichend weitergegeben werden? Dann sollten Sie daran denken, diese Regeln schriftlich zu fixieren.

20.2.3 Schriftliche Ablaufbeschreibungen

Wenn Sie die immer wieder vorkommenden Arbeitsabläufe schriftlich vorgeben, erreichen Sie für Ihren Verein einige bemerkenswerte Vorteile:

- Es muss nicht jedes Problem neu diskutiert und beschlossen werden.

- Alle Mitglieder wissen, oder können zumindest wissen, welche Regelungen für welche Sachverhalte bestehen. (z. B. Ehrungen, Ablauf von Sitzungen).

- Unnötiger Aufwand wird vermieden (Reisekosten: Fahrtkosten pro Person und nicht pro PKW).

- Die Kapazitätsauslastung wird gesteigert (Vor- und Nachrüstzeit bei Übungsräumen).

- Die Vereinsziele können besser umgesetzt werden.

- Bei einem Wechsel in einer Funktion erleichtern schriftliche Unterlagen dem Ausscheidenden und dem Neuen die Übergabe; die Abhängigkeit von einzelnen Personen (die alles im Kopf haben) wird geringer.

20.2.4 Ein Informationssystem

Der meiste Ärger im Verein entsteht durch Missverständnisse, dieser fühlt sich übergangen, jener wollte zu einer Problemlösung beitragen und bekam keine Gelegenheit. Häufig resultiert dieser Ärger aus der fehlenden und unzureichenden Kommunikation. Typisches Beispiel: In einer Vorstandssitzung wird der Termin einer Vereinsfahrt geändert, ein Spartenleiter war bei der Behandlung dieses Punktes noch nicht anwesend, das Protokoll wurde nichtrechtzeitig verteilt. In der Sparte wird weiterhin der falsche Termin als Basis für die Arbeitsplanung genommen.

Der Aufbau eines Kommunikationssystems ist daher unabhängig von der Größe Ihres Vereins wichtig, Sie sollten jedoch den Informationsbedarf und Informationsnutzen, aber auch den Informationsaufwand berücksichtigen.

21 Führungsaufgaben und -methoden

21.1 *Vereinszweck und Vereinsgrundsätze*

21.1.1 Zweck und Aufgaben des Vereins

21.1.1.1 Was sagt die Satzung?

Nach § 57 Abs. 1 BGB muss die Satzung den Zweck des Vereins enthalten. Nur, wenn der Zweck nicht auf einen wirtschaftlichen Geschäftsbetrieb gerichtet ist, kann die Eintragung ins Vereinsregister erfolgen.

21.1.1.2 Überprüfung des Vereinszwecks

Der Zweck des Vereins beschreibt in Umrissen die Aufgaben, die sich der Verein gestellt hat. Da nach herrschender Meinung die Änderung des Vereinszwecks nur durch einstimmigen Beschluss der Mitgliederversammlung möglich ist, muss bei einer Neufassung besonders sorgfältig vorgegangen werden.

Das darf Sie nicht davon abhalten, aus gegebenem Anlass oder in größeren Abständen turnusmäßig den satzungsmäßigen Vereinszweck zu überprüfen. Wenn zum Beispiel ein Sportverein seine satzungsmäßige Aufgabe u. a. darin sieht, die Vereinsjugend im Sinne eines demokratischen Deutschland zu erziehen, tatsächlich aber in den letzten Jahrzehnten keine Anstrengung in dieser Richtung unternommen hat, könnte eine Anpassung der Satzung durchaus sinnvoll sein.

Es ist vielleicht das Gleiche gemeint, wie es in der Satzung des Hessischen Turnverbandes zutreffender formuliert wurde: „Der Hessische Turnverband fordert von seinen Mitgliedern die Anerkennung der Menschenrechte. Er übt parteipolitische Neutralität, religiöse und weltanschauliche Toleranz und bekennt sich zum freiheitlichen Staat demokratischer Ordnung im Sinne des Grundgesetzes der Bundesrepublik Deutschland."

21.1.1.3 Schwerpunkte setzen

Welche Aufgaben stellt Ihnen die Satzung Ihres Vereins, sei es im Bereich des Sports, der Kultur oder im sozialen Bereich? Eine intensive Nachwuchsarbeit, sie bedeutet die Zukunft Ihres Vereins, wird in der Regel ebenso gefordert, wie eine den Verein belebende Geselligkeit. Selbstverständlich ist die Forderung nach einer soliden wirtschaftlichen Basis des Vereins. Und ebenfalls nicht zu vergessen ist ein gutes Ansehen oder positives Image Ihres Vereins in der Öffentlichkeit und bei den Mitgliedern.

Diese Aufgaben stehen ungewichtet nebeneinander, Schwerpunkte sind in der Regel nicht zu erkennen, denn durch äußere und innere Einflüsse können sich diese sehr wohl ändern. Es ist eine der wichtigsten Aufgabe des Vorstands, die Schwerpunkte für die Zukunft herauszuarbeiten und den entsprechenden Gremien des Vereins zur Kenntnis zu geben.

Dies kann bei unterschiedlichen Auffassungen zu langwierigen Diskussionen führen. Eine Hilfe zur Entscheidungsfindung kann die folgende Matrix sein:

In einem neunköpfigen Vorstand tritt jeder Vorschlag gegen jeden an. Die auf den Vorschlag jeweils entfallenden Stimmen werden eingetragen.

Die Ergebnisse:

Sportliche Erfolge	-	Geselligkeit	7	:	2
Sportliche Erfolge	-	Jugendarbeit	2	:	7
Sportliche Erfolge	-	Finanzen	4	:	5
Geselligkeit	-	Jugendarbeit	1	:	8
Geselligkeit	-	Finanzen	1	:	8
Jugendarbeit	-	Finanzen	5 : 4		

	Sportliche Erfolge	Geselligkeit	Jugendarbeit	Finanzen
Sport.		2	7	5
Gesell.	7		8	8
Jugend	2	1		4
Finanzen	4	1	5	
	13	4	20	15

Damit ist klar, dass der Vorstand sich schwerpunktmäßig der Jugendarbeit widmen wird, ohne dabei die Finanzkraft des Vereins außer Acht zu lassen. Dieser wird immerhin ein knapp höherer Stellenwert als den sportlichen Erfolgen zugemessen, wohingegen die Geselligkeit als nicht so erstrebenswert angesehen wird.

Diese Schwerpunktbildung gibt den Mitgliedern und den Organen des Vereins eine Orientierungshilfe und ist bedeutsam für den Zusammenhalt des Vereins.

21.2 Die Vereinsgrundsätze

21.2.1 Was sind Vereinsgrundsätze?

Sie bilden den Rahmen für alle Entscheidungen, die in Ihrem Verein zu treffen sind. In diesem Rahmen bewegen sich die Aktivitäten Ihres Vereins. Darum sollten Sie die schriftlich fixierten Vereinsgrundsätze den Mitgliedern fortlaufend bekannt geben. Verstärkt publiziert wirken sie Image stärkend nach innen und außen. Sie dokumentieren Verantwortungsbewusstsein gegenüber Mitgliedern, Förderern und Sponsoren, aber auch gegenüber Gemeinwesen und Öffentlichkeit.

21.2.2 Warum Vereinsgrundsätze?

In Unternehmen hat es sich bewährt, einheitliche Grundsätze aufzustellen, die gleichermaßen für Geschäftsleitung, Mitarbeiter und Kunden gelten. Die Mitglieder eines Vereins sind sicher ebenfalls der Ansicht, dass ihr Verein nach festen Grundsätzen geführt wird. Zum Problem wird es, wenn verschiedene Mitglieder oder Abteilungen nach unterschiedlichen, sich widersprechenden Grundsätzen handeln.

Denn will der Trainer eines Fußballvereins in leistungssportliche Regionen aufsteigen und soll dies nach dem Wunsch der meinungsbildenden Vereinsmitglieder ausschließlich mit heimischen Spielern schaffen, wird es sicherlich sehr schwer werden. Genauso irrig ist jedoch der Wunsch eines Freizeitgesangvereins, die Kosten eines Übungsleiters durch öffentliche Auftritte zu decken. Hier sind die Mitgliedsbeiträge die logische Finanzierungsquelle, die eine oder andere Spende eines Freundes kommt vielleicht hinzu.

Der Hinweis auf Ihre Vereinsgrundsätze hilft Ihnen, Anforderungen an die Leistungsfähigkeit und an die Finanzkraft auf das richtige

Maß zu begrenzen. Anderseits spornen die Grundsätze, als Basis Ihrer Vereinsziele, ständig alle Mitglieder an, den gesetzten Rahmen auch auszufüllen. Je konkreter die Vereinsgrundsätze formuliert sind, umso besser lassen sie sich nachvollziehen und überprüfen.

Die öffentlichkeitswirksam ausformulierten Vereinsgrundsätze sind eine ausgezeichnete Möglichkeit, Freunden und Förderern sowie den politischen Gremien ihres Einzugsgebiets Ihren Verein vorzustellen.

Die Ihnen wohl gesonnenen leitenden Mitarbeiter Ihrer Sponsoren werden diese Vereinsgrundsätze ebenso gern als Argumentationshilfe in Anspruch nehmen, wie Sie es bei der Akquisition von Spenden tun sollten.

21.2.3 Überschneidungen mit Vereinszweck?

Die Vereinsgrundsätze basieren auf dem in der Satzung formulierten Vereinszweck. Sie dürfen diesem auf keinen Fall zuwiderlaufen. Einige Aussagen, die Sie in die Vereinsgrundsätze aufnehmen wollen, können Sie durchaus schon in der Satzung vorfinden, etwa ein Verbot der Kreditaufnahme. Das sollte Sie nicht hindern, Ihre Grundsätze öffentlichkeitswirksam auszuformulieren, denn die Satzung, als das rechtliche und organisatorische Fundament des Vereins, kann diesen Anspruch nur bedingt erfüllen.

21.2.4 Vereinsgrundsätze formulieren

Entscheidend ist, dass der Rahmen, in dem sich Ihr Verein bewegen will, in sich schlüssig ist. Es dürfen sich keine Aussagen finden, die im Verein nicht realisiert werden können. Was aus wirtschaftlichen Zwängen oder aufgrund der Leistungsstruktur nicht machbar ist und nur formuliert wird, weil es sich gut anhört, macht die Vereinsgrundsätze unglaubwürdig.

Die Vereinsgrundsätze sollten nicht nur realisierbar, sondern auch aussagefähig sein. Und geben Sie die Grundsätze allen Mitgliedern bekannt; besser noch: Erarbeiten Sie die Grundsätze in den Gremien des Vereins und legen Sie das Ergebnis der Mitgliederversammlung zur Entscheidung vor. Kurze und prägnante Aussagen sind erforderlich, damit sie im Gedächtnis haften bleiben.

21.2.5 Tätigkeitsfelder

Ist der Tätigkeitsbereich Ihres Vereins richtig formuliert, oder können weitere Bereiche oder Sparten aufgenommen werden. (Einem Kulturverein möchte sich ein Jugendmusikzug anschließen)

21.2.6 Leistungsorientierung

Muss Ihr Verein eine professionelle Leistung mit den üblichen Vereinsstrukturen erbringen? Dass dies durchaus möglich ist, zeigen Freiwillige Feuerwehren, die sozialen Hilfsorganisationen aber auch z. B. Karnevalsvereine mit ihren Umzügen und "professionellen" Büttenabenden. Die finanziellen Anforderungen sind entsprechend.

Die eigene Leistung im Wettkampf zu messen ist das Ziel nicht nur vieler Sportvereine. Auf der anderen Seite des Leistungsspektrums finden wir den Freizeitklub, in dem man sich locker zum Joggen, zur Gymnastik oder zum Schachspielen trifft. (In welche Richtung soll sich Ihr Verein entwickeln, mehr hin zur professionellen Leistung oder in den Freizeit- und Hobbybereich?)

21.2.7 Wirtschaftliche Grundsätze

Wie hoch sollen die Rücklagen des Vereins sein? Ist eine Kreditaufnahme möglich? Wie soll die Mittelbeschaffung sein? Wie stark können die Mitglieder finanziell belastet werden? Welche Ausgaben übernimmt der Verein? (Aufwandsentschädigungen auch für aktive Sportler?)

21.2.8 Wachstum und Einzugsgebiet

Wo endet das Einzugsgebiet des Vereins? Wie viele Mitglieder kann Ihr Verein bei den derzeitigen Kapazitäten und Strukturen noch aufnehmen?

21.2.9 Soziale- und umweltpolitische Grundsätze

Die Einstellung zur Gesellschaft und zur Umwelt wird definiert. Seit einiger Zeit wird der Verein auch in seinen gesellschaftlichen Bezügen als Wichtig erachtet: Wie sieht der Verein seine Rolle in der Region, in der er angesiedelt ist? Unterstützt er z. B. die Fremdenverkehrsbemühungen seiner Heimatstadt, auch wenn dies nicht zu seinen satzungsmäßigen Aufgaben gehört? Wie stellt er sein Umweltbewusstsein heraus?

Neben den sozialen Aufgaben und Pflichten gegenüber den Mitgliedern hat der Verein auch eine soziale Verantwortung gegenüber der Allgemeinheit. Der Verein ist kein isoliertes Gebilde und damit von der Umwelt stark beeinflusst und geprägt. Der Vorstand muss daher versuchen, die von den verschiedenen Kreisen der Öffentlichkeit ausgehenden Einflüsse für den Verein möglichst günstig zu beeinflussen. Das Verhalten des Vorstands gegenüber den politischen Gremien, befreundeten und konkurrierenden Vereinen, der Wirtschaft und allen sonstigen am "öffentlichen Leben" teilnehmenden juristischen und natürlichen Personen bestimmt daher einen großen Teil des Erfolgs eines Vereins.

21.2.10 Erscheinungsbild

Das visuelle Erscheinungsbild des Vereins ist der Bereich, in dem der Verein in der Öffentlichkeit sich am eindeutigsten darstellen kann. Vor allem ist dieser Bereich leicht und vor allem für alle Mitglieder verständlich durchgängig zu gestalten. Bei unterschiedlichen Sparten, z. B. im Sportverein, lässt sich so das Zugehörigkeitsgefühl zum Gesamtverein stärken. Ausdrucke des Erscheinungsbildes sind:

- Der Vereinsname

- Die Vereinsfarben

- Das Vereinswappen

- Der Vereinsslogan

- Die Vereinsfahne

21.2.11 Muster-Vereinsgrundsätze

Der Praxis e. V. ist eine seinen Mitgliedern und dem Gemeinwohl der Stadt und der Region verpflichteter Sportverein. Der Praxis e. V. ist bereit, alle Menschen als Mitglieder aufzunehmen, die sich zu seiner Satzung und zu seinen Vereinsgrundsätzen bekennen. Alle Mitglieder haben die gleichen Rechte und Pflichten.

Die Vereinsfarben sind Rot-Grün. Das Vereinswappen ist eine Maus mit der Nase nach rechts ergänzt um den Schriftzug Praxis. Die Sportkleidung sollte in den Vereinsfarben gehalten sein und das Vereinswappen tragen.

Der Praxis e. V. bietet seinen Mitgliedern im Rahmen einer seiner finanziellen und organisatorischen Möglichkeiten die kostengünstige Ausübung des Freizeitsports und des Wettkampfsports. Die Interessen beider Bereiche sind gleichrangig. Leistungssport kann innerhalb des Vereins betrieben werden, wenn er weder den Freizeitsport noch den Wettkampfsport organisatorischen beeinträchtigt oder finanziell belastet.

Der sportliche Bereich des Vereins ist in Abteilungen organisiert. Das Wohl des Gesamtvereins geht vor einzelnen Abteilungsinteressen. Die Förderung des Jugendsports hat Vorrang vor der sportlichen Betätigung erwachsener Mitglieder.

Um das Kennen lernen der Mitglieder zu fördern und den Zusammenhalt des Vereins zu festigen, führt der Verein gesellige Veranstaltungen durch, deren Finanzierung nicht zulasten der Aufgaben im Sport gehen darf.

Die Mitglieder übernehmen die Verpflichtung, die von der Mitgliederversammlung festgesetzten Beiträge pünktlich zu entrichten und durch tatkräftige Mitarbeit die sportlichen und gesellschaftlichen Aktivitäten des Vereins unterstützen. Jedes Mitglied ist gehalten, im Rahmen seiner Möglichkeiten mindestens eine ehrenamtliche Aufgabe zu übernehmen.

Der Besuch der Mitgliederversammlungen der Abteilungen und des Gesamtvereins zur Mitwirkung an der demokratischen Willensbildung des Vereins ist eine selbstverständliche Verpflichtung für jedes Mitglied.

Der Praxis e. V. betreibt eine vorsichtige Finanzpolitik. Kreditaufnahmen sind nur für Investitionen und nur dann möglich, wenn die Bedienung der Kredite jederzeit sichergestellt ist. Für voraussehbare Investitionen sind Rücklagen zu bilden. Für Unvorhergesehenes ist eine freie Rücklage bis zur Höhe eines halben Jahres-Beitragsaufkommens anzusammeln.

Die Vereinsbeiträge sind so anzusetzen, dass die Bedienung eventuelle Kredite, die Dotierung der Rücklagen und die laufenden Kosten des Vereins sicher gestellt sind.

22 Vereinsziele

22.1.1 Ziele machen den Fortschritt sichtbar

Aus den satzungsmäßigen Aufgaben und den Vereinsgrundsätzen abgeleitete Ziele sind objektiv messbar und machen dadurch den Fortschritt sichtbar. Ziele schaffen Ordnungsprinzipien und Prioritäten, führen zum Agieren anstelle des Reagierens. Indem Sie sich gemeinsam im Vorstand Ziele setzen, schaffen Sie Orientierungshilfen, an denen Sie Ihr Handeln und Ihre Entscheidungen ausrichten können. Sie erkennen jedoch auch Zielkonflikte - eine Verstärkung Ihrer Jugendarbeit kostet Zeit und Geld, Letzteres würde dem Ziel: "Erhöhung der Vereinsrücklagen" zunächst entgegenlaufen.

22.1.2 Welche Ziele für Ihren Verein

Grob gerastert könnten dies sein:

- Leistungsziele

Welche Ziele sollen in den Hauptaufgaben des Vereins erreicht werden, wo müssen Prioritäten gesetzt werden?

Im Seniorenbereich: z. B. Aufstieg der 1.Damenmannschaft, Verpflichtung eines ausgebildeten Chorleiters, Anschaffung von neuen Tischtennisplatten

Im Jugendbereich: z. B. Zeltlager in den Sommerferien, neue Uniformen für den Musikzug

Allgemein: z. B. Renovierung des Clubheims

- Materielle Ziele

Rücklagen erhöhen, Kredite zurückzahlen, Mitglieder auf 800 erhöhen.

- Soziale Ziele

Welche sozialen Aufgaben übernimmt der Verein nach innen und/oder nach außen? z. B.: Regelmäßiger Seniorennachmittag, Weihnachtsfeier mit Bescherung für die Kinder im Verein

- Ziele im Imagebereich

Stärkung des Ansehens des Vereins in der öffentlichen Meinung, bei den politisch Verantwortlichen, bei den Vereinsmitgliedern, z. B.: Neue Vereinszeitung, Neujahrsempfang für Persönlichkeiten des "öffentlichen Lebens"

22.1.3 Suchen, Formulieren und Prüfen

Das Suchen und Formulieren möglicher Vereinsziele ist ein kreativer Prozess. Die Schwierigkeit besteht darin, aus der Fülle der Vorschläge diejenigen herauszuarbeiten, die zur Umsetzung Ihres Vereinszwecks und Ihrer Vereinsaufgaben am ehesten beitragen. Hilfreich sind dabei Analysen wie z. B. der Mitgliederstruktur oder Mitgliederbefragungen.

Sammeln Sie zunächst ungeordnet die möglichen Vereinsziele, ohne einen Termin und eine Priorität festzulegen. Überlegen Sie die Auswirkungen auf die verschiedenen Bereiche des Vereins, achten Sie darauf, dass die möglichen Ziele nicht gegen den Vereinszweck verstoßen und sich im Rahmen der Vereinsgrundsätze bewegen. (Die Durchführung finanziell risikoreicher Liederabende mit professionellen Künstlern ist in der Regel nicht Vereinszweck eines Gesangvereins und dürfte u. U. gegen den selbst auferlegten Grundsatz einer sparsamen Haushaltsführung verstoßen, die die Aufnahme von Krediten nicht gestattet.)

Prüfen Sie auch, ob die möglichen Ziele in einer angemessenen Zeit erreichbar sind: Unerreichbare Forderungen lähmen die Motivation der Mitglieder und untergraben die Glaubwürdigkeit des Vorstands.

Formulieren Sie Ihre Ziele nicht zu vage: Man unterstellt Ihnen, Sie glaubten selbst nicht an deren Verwirklichung und suchten von vornherein nach einem Schlupfloch. Ihr Ziel müsste also heißen: 300

neue Mitglieder in 2 Jahren und nicht: Wir müssen alle stärker Mitglieder werben.

Diese beispielhaft aufgeführten Ziele sind nach Ihrer Erkenntnis jedes für sich sinnvoll, wenn auch nicht widerspruchsfrei. Insbesondere unter Berücksichtigung Ihrer finanziellen Möglichkeiten ergeben sich Zielkonflikte: Alles zugleich können Sie unmöglich umsetzen. Darum: Welches Ziel ist das wichtigste?

Nehmen wir an, diese Vorschläge werden gemacht:

50 neue Mitglieder werben

Bekleidung für Jugendliche anschaffen ca. 5.000 Euro

Neue Vereinszeitung herausgeben ca. 2.000 Euro

Renovierung des Clubheims, ca. 10.000 Euro.

22.1.4 Eine Rangfolge erarbeiten

Nachdem Sie schon die Aufgaben Ihres Vereins gewichtet haben, können Sie mit der folgenden Matrix für die unter Umständen kontrovers diskutierten Ziele Ihres Vereins eine Rangfolge festsetzen. Dabei wählen Sie das Verfahren, das Sie aus der Auswahl der Stadt für die olympischen Spiele kennen, d. h. der Vorschlag mit den wenigsten Stimmen scheidet aus, unter den restlichen wird weiter gewählt.

	Neue Mitglieder	Bekleidung Jugend	Neue Vereinszeitung	Renovierung Clubheim
Wahlgang 1	30	35	5	30
Wahlgang 2	35	35	X	30
Wahlgang 3	55	45	X	X

Diese Matrix hat Ihnen hoffentlich geholfen, eine hitzige Diskussion zu versachlichen. Gemeinsam haben Sie eine Rangfolge der vorgeschlagenen Vereinsziele erarbeitet:

- Als Erstes ist die Aktion zur Werbung neuer Mitglieder durchzuführen.
- Dann folgt die Anschaffung neuer Bekleidung für die Jugendlichen.
- An dritter Stelle steht die Renovierung des Clubhauses.
- Und wenn dann noch Geld da ist, kann die Vereinszeitung herausgegeben werden.

22.1.5 Die Ziele mit den Mitgliedern abstimmen

Im Verein ist es wie in jedem Unternehmen, aber auch wie im Privatleben:

Verordnete Ziele erzeugen Druck und Gegendruck, selbst gesetzte Ziele motivieren. Wenn es auch schwierig ist, Ziele in dem großen Rahmen einer Mitgliederversammlung zu erarbeiten, sollten Sie diese auf jeden Fall in der Mitgliederversammlung vortragen, erklären und zur Abstimmung stellen.

22.2 Planung ist das halbe Vereinsleben

22.2.1 Der Planungsprozess

Bei einem geplanten Vorgehen werden alle Tätigkeiten auf das Erreichen der Vereinsziele ausgerichtet; die Planung untersucht alle Aktionsmöglichkeiten und bemüht sich um ausreichende externe und interne Daten. Im Planungsprozess werden Alternativen gesucht, formuliert, durchdacht und bewertet.

Bei der Auswahl orientieren Sie sich an den vorher festgelegten Zielen. Im Verein werden Sie sich im Wesentlichen befassen müssen mit der Angebots- oder Leistungsplanung – welche Leistungen - welches Angebot wollen Sie im Verein erbringen - und der Finanzplanung - die Leistungen kosten Geld und müssen also finanziert werden, oder Sie erbringen Überschüsse, die dem Vereinszweck entsprechend verwendet werden sollen.

22.2.2 Leistungsplanung

Zur Leistungsplanung gehören Spiel- und Trainingspläne sowie die Planung von Veranstaltungen. Durch eine abgestimmte Planung werden Überschneidungen und Doppelarbeiten vermieden und vorhandene Ressourcen (Hallenzeiten, Geräte) optimal genutzt.

Vereinsausflüge, Weihnachtsfeiern, Jubiläumsveranstaltungen, Betreuung der passiven Mitglieder, Tag der offenen Tür werden nach ihren Terminen erfasst und mit anderen Veranstaltern abgestimmt.

Berücksichtigen Sie auch sonstige Termine: Konfirmation / Kommunion, Wahlen, wichtige Sportveranstaltungen, die im Fernsehen übertragen werden! Erfassen Sie den voraussichtlich erforderlichen personellen und materiellen Aufwand.

22.2.3 Investitionsplanung,

Welche Investitionen sind für Sportanlagen, -geräte und -bekleidung erforderlich? Sind alternative Lösungen möglich? Kann die Investition bezahlt werden?

22.2.4 Personelle Planung

Aus der Leistungsplanung abzuleiten ist die Personalplanung. Wie viele ehrenamtliche Helfer werden benötigt? (Für größere Vereine: Aufbau eines Stellenplans). Stehen genügend Betreuer und Übungsleiter zu den geplanten Terminen zur Verfügung? Können alle Mannschaften ausreichend besetzt werden? (Urlaub, Dienstreisen)? Soziale Leistungen, wie die Aus- und Weiterbildung von Übungsleitern, Seminare für Vereinsvorstände werden ebenfalls in der personellen Planung berücksichtigt.

22.2.5 Finanzplanung

Die Finanzplanung ist ohne eine umfangreiche Leistungsplanung dann möglich, wenn die Aufwendungen und Erträge sich in einem überschaubaren Rahmen bewegen und auf gesicherten Erfahrungswerten beruhen. Bei einer größeren Anzahl von Mitgliedern, insbesondere beim Mehrspartenverein, werden Sie ohne Leistungsplanung sich mit einer recht ungenauen Finanzplanung bescheiden müssen.

22.2.6 Kostenplanung

Die Kostenplanung ergibt sich zunächst ebenfalls aus der Leistungsplanung (Kosten des Spiel- und Trainingsbetriebs, Unterschüsse bei Veranstaltungen) hinzukommen Fahrtkosten, Übungsleiterentschädigungen und evtl. Gehälter sowie sonstige Zuwendungen an Vereinsmitglieder. Mitunter fallen Werbungskosten und Lehrgangsgebühren an.

22.3 *Waren wir erfolgreich*

22.3.1 Keine Angst vor Kontrollen

Nachdem Sie in der Zieldefinition und der Planung festgelegt hatten, was Sie sich vornehmen, ist in turnusmäßigen Abständen, mindestens am Ende eines Geschäftsjahres, ein Soll - Ist Vergleich vorzunehmen. Hierbei werden die geplanten und die tatsächlich eingetretenen Werte miteinander verglichen. Daran schließt eine Abweichungsanalyse an, die die Gründe für die Abweichung offen legt und Basis für die Planungswerte des kommenden Geschäftsjahres sein kann.

Außerdem möchten die Vereinsmitglieder wissen, ob sich alle an die aufgestellten Grundsätze und Regeln gehalten haben und nicht unnütze Kosten für den Verein entstanden sind.

Um diesen Erkenntnisstand zu erreichen, muss auch im Verein kontrolliert werden. Wenn alle im Verein wissen, dass und in welchem

Rahmen kontrolliert wird, ist dies ein letztlich von allen als erforderlich angesehener Vorgang.

22.3.2 Aufbau eines Kontrollsystems

Beim Aufbau eines Kontrollsystems sollten folgende Schritte realisiert werden:

- Festlegen, was kontrolliert werden soll.
- Festlegen der Zeiträume (z. B. am Ende eines Geschäftsjahres).
- Festlegen, wer kontrolliert.
- Festlegen, nach welchen Kriterien (siehe oben) kontrolliert werden soll.
- Vergleich der Sollwerte mit den Istwerten.
- Fixieren der Abweichungen.
- Formulieren der möglichen Ursachen.
- Entscheidung und Einleitung korrigierender Maßnahmen.

22.3.3 Kennzahlen als wichtiges Kontrollinstrument

Kennzahlen dienen als Hilfsmittel bei der

- Analyse des Vereins.
- Planung und Steuerung des Vereinsgeschehens.
- Kontrolle des Ergebnisses.

Sie können zu Vergleichen herangezogen werden

- gegenüber den Vorjahreszahlen,
- zwischen einzelnen Sparten oder Abteilungen,
- zu Vergleichen mit befreundeten Vereinen, wenn diese nach dem gleichen Kennzahlensystem arbeiten und bereit sind, ihre Zahlen auszutauschen.

Relativ leicht zu ermittelnde Kennzahlen sind: Durchschnittsbeitrag pro Mitglied, Anteil der passiven Mitglieder, durchschnittlicher Besuch der Übungsstunden usw.

23 Finanzen

23.1 Welche Planungen sind erforderlich

Der formularmäßig vorbereitete Finanzplan zeigt auf, ob alle Kosten und Investitionen durch Einnahmen gedeckt sind und das wirtschaftliche Ziel des Vereins erreicht werden kann.

Die Sicherung der jederzeitigen Zahlungsbereitschaft wird in der Liquiditätsplanung angestrebt.

23.2 Die Finanzplanung

23.2.1 Eine Untersuchung der Kapitalstruktur

Bei einer Untersuchung Ihrer Kapitalstruktur gilt es, die Einnahmen eines Geschäftsjahres den Ausgaben gegenüberzustellen, um festzustellen, ob zum Beispiel die geplanten Investitionen durchgeführt werden können, wie hoch der Kreditbedarf ist und ob für einen Kredit Zinsen und Tilgung erbracht werden können.

Der Finanzplan mit einem Planungshorizont von einem Jahr, längere Planungen sind bei den einem Verein zur Verfügung stehenden Mitteln i. d. R. zu ungenau. Ein höherer Aufwand ist jedoch erforderlich, wenn z. B. größere Investitionen geplant sind. Der Finanzplan ist ein Rahmenplan, der die Struktur der Geldverwendung und -beschaffung aufzeigt.

23.2.2 Die Analyse

Eine Analyse des Finanzplanes macht deutlich, ob der Überschuss oder der Fehlbetrag auf außerordentliche Faktoren zurückzuführen ist, z. B. die einmalige größere Spende eines Gründungsmitgliedes oder erhöhte Kosten Ihres Vereins aus Anlass seines 50jährigen Jubiläums. Sind es nach Ihrer Erkenntnis langfristige Entwicklungen können oder müssen Sie reagieren.

Die Überschüsse, bereinigt um außerordentliche Faktoren, zeigen Ihnen, welche Spielräume für Investitionen Ihr Verein hat. Natürlich wäre auch denkbar, die Beiträge zu senken, wenn der Grund für die höheren Belastungen Zinszahlungen für einen inzwischen zurückgezahlten Kredit für das Vereinsheim waren. Bei einem Fehlbetrag ist kurzfristig eine Kreditaufnahme denkbar, sofern die Satzung dies zulässt. Mittelfristig müssen die Einnahmen erhöht und/oder die Ausgaben gesenkt werden.

23.3 Der Haushaltsplan

23.3.1 Zuständigkeit: Mitgliederversammlung

Wenn in der Satzung nichts anderes bestimmt ist, ist die Mitgliederversammlung für die Zustimmung zu Ausgaben und Investitionen zuständig. Es ist daher nötig, dass der Vorstand sich für vorsehbare Ausgaben die Einwilligung der Mitgliederversammlung einholt. Dies geschieht in der Regel durch die Aufstellung eines Haushaltsplans. Der Haushaltsplan ist die systematische Zusammenstellung der für das folgende Geschäftsjahr geplanten Ausgaben und der Schätzung der zur Deckung dieser Ausgaben vorgesehenen Einnahmen.

23.3.2 Grundsätze einhalten

Bei der Aufstellung des Haushaltsplans sollten die allgemein gültigen Grundsätze eingehalten werden.

- Der Grundsatz der Vollständigkeit besagt, dass der Haushaltsplan alle Ausgaben und alle Einnahmen wiedergeben muss. Es darf also keine Nebenbudgets geben, deren Quellen und Zweckbestimmungen vor den Mitgliedern geheim gehalten werden.

- Der Grundsatz der Klarheit verlangt, dass die Mittel klar nach Herkunft und Zweckbestimmung zu gliedern sind. Dies kann dazu führen, dass mehrere parallel darzustellende Gliederungen erforderlich sind: Die funktionale Gliederung nach Aufgabengebieten, die Spartengliederung bei Mehrspartenvereinen und die Gliederung nach den steuerlichen Bereichen des Vereins.

- Der Grundsatz der Genauigkeit besagt, dass die veranschlagten Ausgaben und Einnahmen möglichst gute Schätzungen der tatsächlich eingetretenen Werte darstellen sollten. (Praktische Hinweise unter Liquiditätsplanung).

- Der Grundsatz der Vorherigkeit fordert, dass der Haushaltsplan vor Beginn der Periode, für die er gelten soll, fertiggestellt und verabschiedet sein soll. Dies ist bei Vereinen häufig schwierig, da die Mitgliederversammlungen in den ersten Monaten des Geschäftsjahres stattfinden, um über das abgelaufene Geschäftsjahr berichten zu können. Es wird allgemein für vertretbar gehalten, in dieser Mitgliederversammlung den Haushaltsplan für das laufende Geschäftsjahr zu beschließen.

- Der Grundsatz der Spezialität teilt sich in drei Untergruppen:
  Die quantitative Spezialität besagt, dass die bewilligte Höhe der Ausgaben nicht überschritten werden darf.
  Die qualitative Spezialität bedeutet, dass Ausgaben nur für den vorgesehenen Zweck getätigt werden dürfen.
  Die zeitliche Spezialität heißt, dass Ausgaben nur in der Periode vorgenommen werden dürfen, für die sie bewilligt worden sind.

- Der Grundsatz der Nonaffektation verlangt, dass alle Einnahmen für alle Ausgaben zur Verfügung stehen müssen. Es darf also keine Zweckbindung der Einnahmen geben. Abweichungen müssen dargestellt werden, z. B. bei zweckgebundenen Spenden.

23.3.3 Der Haushaltsplan aus der Sicht des Vorstands

Aus der Sicht des Vorstandes ist der Haushaltsplan insbesondere ein Planungsinstrument. Über Budgets legt der Vorstand fest, welche Sparten wie viel Mittel zugeteilt erhalten. Es stellt die finanzielle Grundlage dar, auf der sich das Handeln des Vorstands aufbaut. Der Schatzmeister hat in der Regel die Aufgabe, alle diese Pläne bzw. Zuweisungen zu koordinieren und die finanzielle Durchführbarkeit zu überwachen und sicherzustellen. Er muss also den Ausgaben - und Einnahmenfluss unter ständiger Kontrolle halten.

23.3.4 Der Haushaltsplan aus der Sicht der Mitglieder

Aus der Sicht der Mitglieder ist der Haushaltsplan infolge seiner Kontrollfunktion wichtig. In der Genehmigung des Haushaltsplans kommt das fundamentale Recht der Mitgliederversammlung zum Ausdruck, über die Ausgaben - und Einnahmenpolitik des Vorstands entscheiden zu dürfen.

23.3.5 Kontrolle des Haushaltplans

Es obliegt den Kassenprüfern, den Haushaltsplan und seine Einhaltung zu überprüfen. Dabei wird festgehalten, ob der Plan eingehalten, die Ausgaben belegt und auch sparsamen gewirtschaftet wurde.

23.4 Liquiditätsplanung

23.4.1 Teil der Finanzplanung

Wenn Sie durch die Haushaltsplanung sicherstellen, dass die Einnahmen Ihres Vereins innerhalb eines Jahres die Ausgaben übersteigen, können Sie zu Recht zufrieden in die Zukunft schauen: Im Jahresschnitt werden Sie einen Überschuss erwirtschaften. Es soll allerdings schon einmal jemand viel Wasser geschluckt haben, der einen im Durchschnitt 1 m tiefen Fluss durchwaten wollte! Denn ein Problem haben Sie noch nicht gelöst: Einnahmen im November stehen im Januar noch nicht zur Verfügung.

Einen verdienstvollen Übungsleiter auf seine Aufwandsentschädigung warten zu lassen ist nicht nur peinlich, es zerstört jede Motivation. Die Liquidität, das heißt die Zahlungsfähigkeit, Ihres Vereins muss also für jeden Tag des Geschäftsjahres sichergestellt sein. Sie ist von dem Zeitpunkt und der Höhe der Einnahmen und Ausgaben Ihres Vereins abhängig.

23.4.2 Die Planung der Ausgaben.

Den Zeitpunkt und die Höhe der Ausgaben Ihres Vereins kennen Sie recht genau: Wann werden Verbandsbeiträge fällig, wie viel Meldegelder sind wann abzuführen und die Termine Ihrer Veranstaltung stehen zum Jahresbeginn fest, ebenso in etwa deren Kosten. Unvorhergesehene Ausgaben können Sie nicht planen, aber durch entsprechende Rücklagen ausgleichen.

23.4.3 Die Planung der Einnahmen

Komplizierter ist die Planung der Einnahmen: Soweit die Beiträge im Lastschriftverfahren eingezogen werden, lassen diese sich recht genau disponieren, schwieriger wird es bei einem größerem Anteil Selbstzahler, Zahlungsverzögerungen bis zu zwei Monaten kommen schon vor.

Auch die Zuschüsse der öffentlichen Körperschaften und der Dachverbände kommen häufig nicht so pünktlich, wie sie zugesagt wurden. Gerade wenn Sie z. B. eine größere Investition weitgehend über Zuschüsse finanzieren, liegt der Rechnungstermin des Lieferanten mitunter deutlich früher als der Eingang der Zuschüsse.

Bei Verträgen mit Sponsoren und Werbepartnern lassen sich Zeitpunkt und Höhe der Eingänge relativ sicher vorhersagen. Wenn es sich um größere Beträge handelt, können Zahlungsschwierigkeiten Ihres Geschäftspartners Ihre Finanz- und Liquiditätsplänen kräftig durcheinanderbringen.

Spenden fließen unregelmäßig und werden im Laufe des Geschäftsjahres erst noch akquiriert. Spenden können daher nur mit einem

Sockelbetrag, der auf langjährigen Erfahrungen beruht, in die Liquiditätsplanung aufgenommen werden. Aus Kursen für Nichtmitglieder gewonnene Einnahmen lassen sich ebenso nur nach Erfahrungswerten ansetzen wie die Eintrittsgelder und der Überschuss aus der Bewirtung bei Veranstaltungen.

Einnahmen aus dem Verkauf von Geräten oder Immobilien müssen im Vorstand beschlossen werden und lassen sich bei entsprechender Vertragsgestaltung gut planen.

Selten wird es so sein, dass Einnahmen und Ausgaben sich hinsichtlich der Höhe und des Zeitpunktes exakt decken. So wird es in der Regel einen Überschuss der Einnahmen über die Ausgaben geben, mitunter werden jedoch auch die Ausgaben die Einnahmen übersteigen.

23.4.4 Überdeckung

Folgende Überlegungen sollten angestellt werden: Lohnt es sich der Höhe und der Zeitdauer nach, die Überschüsse verzinslich anzulegen? Können wir Ausgaben vorziehen, um z. B. bei einer Rechnung Skonto zu ziehen? Falls jede Sparte einen eigenen Etat verwaltet: Können wir einer anderen Sparte helfen, eine Unterdeckung auszugleichen?

23.4.5 Was ist bei einer Unterdeckung zu tun?

Ist es möglich, die Einnahmen zu erhöhen, z. B. durch Neuakquisition von Spenden oder Verkauf von nicht mehr benötigten Geräten? Lassen sich Einnahmen zeitlich vorverlegen, indem Sponsoren sich bereit erklären, ihre Zahlung schon früher zu leisten? Eventuell sind auch die Mitglieder bereit, ihre Beiträge für ein oder zwei Jahre vorzuschießen.

Ausgaben, die zwar sinnvoll aber nicht unbedingt notwendig sind, können eventuell vermieden werden. (Zuschuss zur Fahrt einer Seniorengruppe). Durch Verhandlungen mit wohl gesonnenen Geschäftspartnern lassen sich Rechnungsziele mitunter hinausschieben.

Bei vorzeitiger Verfügung über als Rücklage fest angelegter Gelder sollten Sie ermitteln, ob die Zinsverluste so hoch sind, dass sich eventuell die Aufnahme eines Überbrückungskredites empfiehlt.

23.4.6 Wie genau

In Großunternehmen ist die Liquiditätsplanung Tag genau. Diese Ansprüche brauchen wir an unsere Vereinsliquiditätsplanung nicht zu stellen. Entscheidend sind die Art Ihrer Zahlungsverpflichtungen und die Höhe Ihrer Umsätze. Je größer der Verein, desto höher die Ansprüche. Ihre Übungsleiter erhalten die Aufwandsentschädigung und Fahrtkostenerstattung monatlich, zur Zahlung von Rechnungen werden in der Regel zwei Wochen Zahlungsziel eingeräumt. Wenn die Umsätze Ihres Vereins so hoch sind, dass Sie durch eine genaue Liquiditätsplanung soviel Geld anlegen könnten, dass merkliche Zinseinnahmen entstehen, werden Ihre Anforderungen an die Zeitgenauigkeit steigen.

Aber, auch das ist zu berücksichtigen, Sie haben als Schatzmeister eines Vereins nicht jeden Tag Zeit, sich mit Vereinsangelegenheiten zu befassen.

23.5 Muster-Finanzordnung

§ 1 Haushaltsplan

Zu Beginn eines jeden Haushaltsjahres sind die zu erwartenden Einnahmen und Ausgaben in einem Haushaltsplan zu veranschlagen und dem Haushaltsabschluss des vergangenen Jahres gegenüberzustellen. Der Haushaltsplan ist nach sachlichen Gesichtspunkten und klar zu gliedern.

Die Haushaltsansätze, alle Kalkulationen und notwendige Schätzungen sollen vorsichtig vorgenommen werden. Größere oder außergewöhnliche Posten sind schriftlich zu erläutern.

Der Haushaltsplan wird vom Schatzmeister im Einvernehmen mit dem 1.Vorsitzenden nach Beratung und Genehmigung durch den Vorstand der Mitgliederversammlung zur Beratung und Verabschiedung vorgelegt.

§ 2 Haushaltsabschluss

Zum Ende eines jeden Rechnungsjahres (gleich Kalenderjahr) sind die Bücher abzuschließen. Ein entsprechender Haushaltsabschluss ist zu erstellen. Die tatsächlichen Einnahmen und Ausgaben sind den Ansätzen im Haushaltsplan gegenüberzustellen. Vermögen und Verbindlichkeiten sind zu ermitteln und zu dokumentieren.

Der Haushaltsabschluss wird vom Schatzmeister im Einvernehmen mit dem 1. Vorsitzenden nach Beratung und Genehmigung durch den Vorstand der Mitgliederversammlung zur Genehmigung vorgelegt.

§ 3 Rechnungsführung

Für die Rechnungsführung ist unbeschadet der Gesamtverantwortung des Vorstandes der Schatzmeister verantwortlich. Die Kassen- und Kontenführung wird durch Vorstandsbeschluss geregelt. Die Führung von Kassen und Konten des Vereines außerhalb der eigenen Rechnungsführung ist untersagt. Konten bei Dritten müssen auf den Namen des Vereins lauten.

Der Vorstand kann einzelnen Amtsinhabern besondere Aufgabenbereiche, Handlungskompetenzen und Kontovollmachten übertragen.

§ 4 Buchführung

Die Buchführung des Vereins muss nach den handelsrechtlichen Grundsätzen ordnungsgemäßer Buchführung (GoB) erfolgen.

Für die sachliche und rechnerische Richtigkeit von Belegen und daraus resultierenden Buchungen zeichnet der jeweilige Amtsinhaber im Rahmen der ihm übertragenen Aufgabenbereiche, Vollmachten und Kompetenzen verantwortlich.

Der Vorstand hat sich regelmäßig und in geeigneter Weise von der Ordnungsmäßigkeit der Buchführung zu überzeugen. Dies geschieht in der Regel durch einen Quartalsbericht des Schatzmeisters in der Vorstandssitzung. Einzelnen Vorstandsmitgliedern sind jederzeitige Kontrollen und Einsichtnahme in alle Beleg- und Buchungsunterlagen zu ermöglichen.

§ 5 Verwendung der Mittel

Alle Personen, die über Mittel des Vereins verfügen, sind gehalten, sparsam zu sein. Mitgliedern, die gegen diesen Grundsatz verstoßen, kann die Erstattung ihrer Auslagen verweigert werden. Sie können außerdem für den durch ihr Verhalten verursachten Schaden persönlich haftbar gemacht werden.

Die Mittel des Vereins dürfen nur für satzungsgemäße Zwecke verwendet werden.

Der Vorstand und die mit Kompetenzen und Vollmachten ausgestatteten Amtsträger sind bei allen Ausgaben an den genehmigten Haushaltsplan gebunden.

Sofern Verpflichtungen vorgenommen werden sollen, die den Verein über das Haushaltsjahr hinaus binden, ist die Zustimmung des satzungsmäßig zuständigen Organs erforderlich. Der Geschäftsabschluss ist zuvor im Vorstand zu beraten.

In begründeten Fällen kann der Vorstand notwendige, aber nicht im Haushaltsplan vorgesehene Ausgaben genehmigen, sofern eine Deckung vorhanden ist.

Zulässig ist auch eine gleichzeitige Kürzung oder Streichung anderer vorgesehener Ausgaben. Der nächsten Mitgliederversammlung ist über die Abweichung vom Haushaltsplan zu berichten.

§ 6 Abrechnungsvorschriften

Verauslagte erstattungsfähige Kosten werden nur anhand von Kostenaufstellungen erstattet, die spätestens innerhalb von 2 Monaten vorgelegt werden müssen. Dies gilt auch für die Abrechnung von Kostenpauschalen ohne Einzelnachweis.

Fahrtkosten, Spesen und Übernachtungskosten werden nur im Rahmen der vom Vorstand festzulegenden Reisekostenbestimmungen gezahlt.

§ 7 Kassenprüfung

Die Buchführung eines jeden Haushaltsjahres ist durch zwei von der Mitgliederversammlung gewählte Kassenprüfer zu prüfen. Die Prüfung muss nach Abschluss des Rechnungsjahres vorgenommen werden. Über jede Prüfung ist ein Protokoll durch die gewählten Kassenprüfer zu erstellen, das dem Vorstand vorzulegen ist. Ein zusammengefasster Prüfungsbericht mit allgemeinen Angaben über die Ordnungsmäßigkeit der Kassenführung und die finanzielle Situation des Vereins sind von den Kassenprüfern der Mitgliederversammlung schriftlich vorzulegen.

Auf Antrag der Kassenprüfer beschließt die Mitgliederversammlung die Entlastung des Vorstandes.

§ 8 Schlussbestimmungen

Der Vorstand kann Änderungen dieser Finanzordnung beschließen. Änderungen sind der Mitgliederversammlung zur Kenntnis zu geben.

24 Versicherungen des Vereins

24.1 Unbedingt erforderlich

24.1.1 Rechtsschutz-Versicherung

Recht haben und Recht bekommen sind auch für den Verein zwei verschiedene Angelegenheiten. Die hohen Kosten eines Rechtsstreites und das Bedürfnis, sich wehren zu können, sind Grund genug, den Abschluss einer Rechtsschutzversicherung für zwingend erforderlich zu halten. Rechtsschutzversicherungen können für unterschiedliche Leistungsarten abgeschlossen werden.

24.1.2 Haftpflichtversicherung

Die Haftpflichtversicherung gehört zu den wichtigsten Versicherungen überhaupt. Für schuldhaft verursachte Schäden haftet nach dem Bürgerlichen Gesetzbuch jeder Verein mit seinem gesamten Vermögen. Reicht das Vermögen des Vereins nicht, wird häufig versucht, auch gegen den Vorstand vorzugehen. Eine fehlende Haftpflichtversicherung kann evtl. dem Vorstand als Pflichtverletzung vorgeworfen werden und damit zu Ansprüchen führen.

24.1.3 Gruppenunfallversicherung

Versicherungsschutz besteht in der Regel, wenn der Versicherte während der Wirksamkeit des Vertrages unfreiwillig eine von außen auf seinen Körper einwirkender Gesundheitsschädigung erleidet. Versicherbare Gefahren: Unfalltod, Invalidität, Krankenhaus-Tagegeld / Genesungsgeld, Kosmetische Operation, Bergungskosten. Es können üblicherweise alle Vereinsmitglieder oder ein fest umschriebener Personenkreis versichert werden. Voraussetzung für eine Gruppenunfall-Versicherung: Es müssen mindestens drei Personen versichert werden.

24.2 Weiter werden empfohlen

24.2.1 Vermögensschaden-Haftpflichtversicherung

Sie sind als Vorstand, Geschäftsführer oder Mitarbeiter in einem Verein bzw. Vereinsorgan tätig. Je nach der Art des Vereins üben Sie vielfältige Tätigkeiten aus. Sie beraten, geben Auskünfte oder vertreten den Verein. Bei der Ausübung dieser Tätigkeiten können Sie Ihrem Verein oder einem Dritten versehentlich einen Vermögensschaden   zufügen.
Die Vermögensschaden-Haftpflichtversicherung ergänzt die allgemeine Haftpflichtversicherung. Sie tritt ein bei Eigenschäden (Ver-

gessener Abruf von Zuschüssen oder Mitgliedsbeiträgen, Verjährung nicht beachtet u. Ä.) oder Drittschäden (Regressnahme wg. fehlerhafter Spendenbescheinigung).

24.2.2 Veranstalter-Haftpflichtversicherung

Die Haftpflichtversicherung kann einen Schaden zwar nicht verhindern, schützt aber vor den finanziellen Folgen. Als Veranstalter tragen Sie und alle zur Durchführung und Überwachung der Veranstaltung eingesetzten Mitarbeiter und Hilfskräfte dafür Sorge, dass niemand zu Schaden kommt. Wird allerdings durch Unvorsichtigkeit, Leichtsinn oder Vergesslichkeit einem anderen Schaden zugefügt, haften Sie als Veranstalter.

25 Die Einnahmequellen des Vereins

25.1 Mitgliedsbeiträge

Das finanzielle Fundament Ihres Vereins sollten die Mitgliedsbeiträge sein. Mitglieder eines Vereins erwarten für ihren Beitrag eine Gegenleistung. Andererseits muss diese Leistung, die in der Satzung als eine Aufgabe des Vereins definiert ist, aus den Mitgliedsbeiträgen finanziert werden können.

Ist dies nicht möglich, kann dies verschiedene Ursachen haben:

- Die Leistungen Ihres Vereins gehen über den satzungsmäßigen Auftrag hinaus.

- Die Mitgliedsbeiträge sind zu niedrig.

- Die Mitgliedsbeiträge sind nicht richtig strukturiert.

- Die Mitgliedsbeiträge werden nicht ordnungsgemäß entrichtet.

25.1.1 Zu hohe Leistungen

Diese Entwicklung ist häufig dann in Vereinen anzutreffen, wenn z. B. der Schritt vom Wettkampfsport zum Leistungssport gewagt wird. Die Gehälter von guten Trainern und die Aufwandsentschädigungen für die Sportler erreichen in der Summe sehr schnell Dimensionen, die den Verein überfordern. Viele Mitglieder werden eine solch leistungsorientierte Ausrichtung nicht über ihre Vereinsbeiträge finanzieren wollen, sodass Beitragserhöhungen nicht durchzusetzen sind. Konsequenterweise sind die Leistungen zu reduzieren.

25.1.2 Die richtige Beitragshöhe

Ein neu gegründeter Kulturverein möchte durch niveauvolle Veranstaltungen das kulturelle Geschehen in der Stadt beleben. Geplant sind pro Jahr drei Konzertveranstaltungen mit einem Zuschussbedarf von je 4000,-- Euro. In der ersten Mitgliederversammlung wird der Jahresbeitrag für die etwa 100 Mitglieder auf 36,-- Euro festgelegt. In diesem Verein wird der Schatzmeister bald Sorgen bekommen. Schon jetzt ist absehbar, dass der Zweck des Vereins, die Durchführung von kulturellen Veranstaltungen, von den Mitgliedsbeiträgen nicht finanziert werden kann. Ohne andere gesicherte Geldquellen muss zur Erfüllung des Vereinszwecks der Beitrag heraufgesetzt werden.

Die richtige Beitragshöhe lässt sich so ermitteln:

Geldbedarf zur Erfüllung des Vereinszwecks ca.12000 Euro jährlich, Verwaltungskosten ca. 3000 Euro. Bei ca. 100 Mitgliedern sind dies etwa 150 Euro Jahresbeitrag pro Mitglied.

25.1.3 Die richtige Beitragsstruktur

Neben dem Einheitsbeitrag sind unterschiedliche Beiträge für Kinder und Erwachsene oder gestaffelte Beiträge mit Familienrabatt üblich, deren Auswirkungen hier beispielhaft aufgezeigt werden sollen. Nehmen wir einen Verein mit 300 Mitgliedern, davon 150 Jugendliche. Von diesen wiederum sind bei 50 auch die Eltern Vereinsmitglied.

Die Beitragseinnahmen des Vereins

Einheitsbeitrag 60 € p. a. = 18.000 €

Erwachsene   72   €

Jugendliche 24 € = 14.400,--Euro

Erwachsene und Jugendliche, die einziges Familienmitglied im Verein sind 72,--Euro Jugendliche, deren Eltern im Verein sind, 24,-- Euro = 16.600,-- Euro.

Die für den Verein an sich logische Struktur ist der Einheitsbeitrag. Er ist dann sinnvoll, wenn die soziodemografische Struktur des Vereins ausgeglichen ist. (In o. g. Kulturverein sind keine Jugendlichen als Mitglied registriert.) Aus sozialen Gründen wird für Mitgliedergruppen mit geringerem Einkommen, das sind i. d. R. Rentner, Schüler, Studenten, aber auch bei Arbeitslosen, der Beitrag niedriger angesetzt.

Bei niedrigen Vereinsbeiträgen hat der Kinderrabatt häufig nur symbolischen Wert, sodass die dritte Variante mit Familienrabatt aber höheren Erstbeiträgen ihre Berechtigung hat. Die Jugendarbeit erfordert neben den durch Beiträge erbrachten finanziellen Mitteln viel persönliches Engagement der Betreuer. Wenn die Eltern eines Kindes, aus welchen Gründen auch immer, hierzu nicht bereit oder in der Lage sind, ist ein höherer Beitrag berechtigt.

25.1.4 Rückständige Beiträge einziehen

Man ist mitunter überrascht, wie viele Vereinsmitglieder mit ihren Beitragszahlungen im Rückstand sind. Die Quote ist erfahrungsgemäß dort besonders hoch, wo der Beitrag noch bar kassiert wird. Bestehen Sie daher auf dem Bankeinzugsverfahren oder dem Dauerauftragsverfahren. Rückständige Beiträge stehen Ihrem Verein auch dann noch zu, wenn das Mitglied inzwischen seinen Austritt aus dem Verein erklärt. Ob gegen säumige Zahler im Mahnverfahren vorgegangen wird und in letzter Konsequenz der Ausschluss aus dem Verein erfolgt, ist vom Einzelfall abhängig.

25.1.5 Förderkreis

Die Mitglieder eines Förderkreises verpflichten sich, durch regelmäßige Spenden zur finanziellen Ausstattung eines Vereins beizutragen. Durch ihre Spenden erwerben sie nicht das Recht, die Leistungen des Vereins in Anspruch zu nehmen, können allerdings auch nicht durch Vereinsbeschlüsse zu Umlagen oder Arbeitsleistungen herangezogen werden.

Förderkreismitglieder haben ein starkes Interesse am Verein, etwa als ehemalige Aktive. Häufig sind sie aus zeitlichen oder sonstigen Gründen nicht in der Lage, die üblichen Pflichten innerhalb eines Vereins, etwa Fahrdienste oder Ausübung eines Ehrenamts, zu erfüllen, möchten aber trotzdem gern helfen. Auch wenn einzelne Sparten, etwa eines Sportvereins, über den normalen Vereinszweck hinausgehende Leistungen angehen wollen, muss nicht der Beitrag für den Gesamtverein angehoben, sondern sollten die Mehrkosten durch den Förderkreis gedeckt werden.

25.2 Spenden

25.2.1 Spenden - keine Gegenleistung

Spenden zu akquirieren gehört nicht geradezu den angenehmsten Pflichten eines Vereinsvorstands. Dabei ist in der Vorgehensweise zu unterscheiden zwischen Spenden von Privatleuten und Spenden von Unternehmen. Die Spende unterscheidet sich vom Vereinsbeitrag und von Einnahmen aus Sponsoring dadurch, dass ihr keine Gegenleistungen gegenüberstehen.

25.2.2 Spenden von Privatpersonen

Hier ist der Kreis der möglichen Spender im Wesentlichen identisch mit möglichen Förderkreismitgliedern, es fehlt jedoch die Bereitschaft zur regelmäßigen Spende.

Private Spender haben eine Beziehung zu ihrem Verein. Langjährige Vereinsmitglieder oder die Großeltern eines Schülers, der an einem gelungenen Konzert des Kinderchores mitgewirkt hat, sind am ehesten zu einer Spende bereit.

25.2.3 Spenden von Unternehmen.

Um Spenden von Unternehmen zu bekommen, brauchen Sie einen guten Grund und einen guten Anlass. Gute Anlässe sind Vereinsjubiläen, Wettkampferfolge auf überregionaler Ebene oder auch besondere Gedenktage (z. B. Tag des Baumes). Auch zu solchen eigentlich für sich sprechenden Anlässen werden Sie in der Spendenakquisition mehr Erfolg haben, wenn Sie sagen, wofür Sie die Zuwendungen verwenden wollen.

Bei einem Vereinsjubiläum nehmen Sie sich vor, neue Uniformen für Ihre Musikgruppe anzuschaffen. Bei Aufstieg Ihrer Tischtennismannschaft äußern Sie Interesse an einer Ballwurfmaschine zur Verbesserung der Trainingsmöglichkeiten. Und wenn Sie schon immer den Vorplatz Ihres Vereinsheims durch eine Grünfläche verschönen wollten, nutzen Sie den Tag des Baumes.

Wenn einer Spende auch keine einforderbare Gegenleistung gegenübersteht, erwarten die Spender, dass ihre Leistung anerkannt wird. Nutzen Sie dafür jede Gelegenheit, etwa durch öffentliche Scheckübergabe, Hinweisschilder an durch Spenden angeschafften Geräten, zumindest aber erwähnen Sie alle Spender eines Jahres auf Ihrer Jahreshauptversammlung.

Bei der Spendenakquisition hilft Ihnen sehr, wenn Sie innerhalb des angesprochenen Unternehmens einen Fürsprecher haben. Größeren Erfolg werden Sie haben, wenn Sie die Spende in einem persönlichen Gespräch, möglichst nach vorheriger Anmeldung, oder zumindest in einem Telefonat erbitten.

25.3 Zuschüsse und Fördermittel

25.3.1 Erfahrung oder Ochsentour

Zuschüsse und Fördermittel erfolgreich zu beantragen, ist ein weites und schwierig zu beackerndes Feld. Glücklich dran sind die Vereine, bei denen "Alte Vereinshasen" alle Schliche, Kniffe und Wege kennen, um an die begehrten Gelder zu kommen. Sonst hilft nur, viele Gesetze, Erlasse, Richtlinien und Ausführungsbestimmungen anzufordern, zu studieren und sich durchzufragen. Die zuständigen Ämter in den Städten oder Kreisen sind hierbei erfahrungsgemäß sehr kooperativ. Jeder Zuschussantrag ist an bestimmte Voraussetzungen gebunden, die Sie vor Beginn Ihrer Maßnahme kennen sollten. Grundsätzlich sind Fördermittel und Zuschüsse am ehesten zu bekommen

- im Jugendbereich,

- im sozialen Bereich,

- für Investitionen zur Verbesserung des Angebotes.

Die Förderung ist von Bundesland zu Bundesland unterschiedlich, so dass hier nur allgemeine Hinweise gegeben werden können.

25.3.2 Jugendbereich

Förderungen im Jugendbereich können in der Regel nur erfolgreich beantragt werden, wenn dieser finanziell und organisatorisch vom Seniorenbereich getrennt ist. Das bedeutet einen eigenen Jugendvorstand, mindesten einen Jugendwart wählen lassen und die Buchführung so ausrichten, dass Einnahmen und Ausgaben des Jugendbereichs separat erfasst werden. Weitere Anforderungen bitte in den entsprechenden Unterlagen nachlesen.

25.3.3 Sozialer Bereich

Zuschüsse im sozialen Bereich sind möglich, wenn sich Ihr Verein gezielt z. B. um behinderte oder ältere Mitbürger bemüht, oder ausländische Mitbürger in den Verein integriert.

25.3.4 Investitionen

Ist Ihnen schon einmal aufgefallen, dass es offensichtlich den Vereinen finanziell am besten geht, die am kräftigsten Geld ausgeben. Spaß beiseite, sinnvolle Investitionen werden von Kommunen, Kreisen, Ländern und Bund, aber auch von den jeweiligen Dachverbänden in erfreulicher Weise gefördert. Fast immer gilt für die Antragstellung der Grundsatz, dass diese vor Beginn der Maßnahme erfolgen muss! Durch einen gut aufgebauten Finanzierungsplan und bei entsprechenden Eigenleistungen der Mitglieder kann eine Investition ohne übergroße Belastung der Barmittel Ihres Vereins vorgenommen werden.

25.4 Gesellige Veranstaltungen

Ohne gesellige Veranstaltungen ist ein lebendiges Vereinsleben nicht denkbar. Es widerspricht jedoch dem Vereinszweck, wenn die Veranstaltungen zu einem der wesentlichen Kostenträger in der Jahresbilanz werden, das Gegenteil sollte der Fall sein. Es gilt also, vorher eine genaue Kalkulation aufzumachen und nicht mit Rücksicht auf einige knauserige Vereinsmitglieder den Eintritt zu niedrig anzusetzen. Zu beachten ist, dass Überschüsse und Umsätze u. U. zu versteuern sind.

25.5 Vereinsheime

25.5.1 Professionelle Anforderungen

Sollen Vereinsheime einen Überschuss erwirtschaften, muss man an sie die gleichen Anforderungen stellen, wie an die gewerbliche Gastronomie: Lage und Ausstattung müssen stimmen, das Angebot ansprechend sein. Bei der Preiskalkulation werden Sie sich entscheiden müssen: Wollen wir etwas verdienen oder soll das Vereinsheim nur eine „schwarze Null" werden? Ein Vereinsheim kann betrieben werden

- in Eigenregie mit ehrenamtlichen Helfern,
- in Eigenregie mit angestellten Mitarbeitern,
- in Fremdregie mit einem Pächter.

25.5.2 Ehrenamtliche Helfer

Die kostengünstigste Regelung erreichen Sie durch ehrenamtliche Helfer, unterschätzen Sie jedoch nicht den organisatorischen Aufwand (Einsatzplan, Abrechnung mit Lieferanten) und die schnell nachlassende Bereitschaft, ein oder mehrmals die Woche Vereinskollegen zu bedienen, mit denen man sich doch viel lieber gemütlich unterhalten möchte.

25.5.3 Festangestellte Mitarbeiter

Diese Sorgen haben Sie nicht mit fest angestellten Mitarbeitern, dafür jedoch nicht unerhebliche Fixkosten, die erst einmal verdient werden müssen. Es ist außerdem nicht einfach, geeignete Mitarbeiter zu finden. Bewährt hat sich, wenn Sie Vereinsmitglieder bewegen können, nebenberuflich, aber gegen Entlohnung Ihr Vereinsheim zu bewirtschaften.

25.5.4 Verpachten

Ihr Einfluss auf Angebot und Preisgestaltung ist am geringsten, wenn Sie Ihr Vereinslokal verpachten. Einen leistungsfähigen Pächter zu finden, ist je nach zu erwartendem Umsatz schwierig. Um zu vermeiden, dass durch Zahlungsschwierigkeiten Ihr Vereinsbudget durcheinander gerät, bestehen Sie auf einer Bankbürgschaft oder gewinnen Sie als Zwischenpächter eine bonitätsmäßig einwandfreie Brauerei.

25.6 Sponsoring

25.6.1 Unsere Leistung

Beim Sponsoring müssen Sie Ihrem Partner eine Gegenleistung bieten: Er möchte mit Ihrer Hilfe seinen Bekanntheitsgrad steigern, ein gutes Image bei seinen Kunden bekommen und nicht zuletzt durch die werblichen Aktivitäten seinen Umsatz steigern.

Bei den wenigen Zuschauern, die zu Ihren Heimspielen kommen, ein hoffnungsloses Unterfangen werden Sie als Schatzmeister eines Sportvereins einwenden: Die Trikotwerbung hat die Kfz.-Vertragswerkstatt Ihres 1.Vorsitzenden übernommen, Bandenwerbung lässt sich nur aufgrund persönlicher Beziehungen verkaufen.

25.6.2 Argumente

Nun, ähnlich wie bei der Akquisition von Spenden sind persönliche Kontakte bei der Anbahnung einer Geschäftsbeziehung sehr nützlich. Die Leistungen Ihres Vereins und die daraus resultierenden Vorteile für Ihren Werbepartner können sich durchaus sehen lassen, wie sich am Beispiel dieses Sportvereins zeigt:

Der Sportverein mit den Sparten Fußball und Leichtathletik hat 800 Mitglieder, davon 420 Kinder und Jugendliche, die aktiv Sport treiben. Preis für die Bandenwerbung 500,--Euro p. a.

Zugegebenermaßen kommen zu den Heimspielen der 1. Fußballmannschaft im Schnitt nur 200 Besucher, die Leichtathleten veranstalten einmal im Jahr ein Sportfest mit ca. 800 Sportlern und Gästen. Auch die aktiven Sportler registrieren die Bandenwerbung, insbesondere die Eltern und Großeltern der Kinder und Jugendlichen, die mindestens zwei- bis dreimal im Jahr vorbeischauen.

Wenn Sie einmal zusammenrechnen, sind etwa 3000 - 5000 Besucher pro Jahr im Stadion, die die Bandenwerbung registrieren.

Welche Gründe bewegen ein Unternehmen, Bandenwerbung in Ihrem Stadion zu belegen?

- Für 10 Cent pro Besucher ist die Bandenwerbung preiswert.

- Wer eine gute Sache wie den Sport unterstützt, kann dessen positives Image auf sein Unternehmen übertragen.

- Sponsoring hat eine Langzeitwirkung. Auch Erwachsene erinnern sich noch genau, welches Unternehmen ihnen durch die Bandenwerbung seinerzeit die Ausübung ihres Sports ermöglicht hat.

25.6.3 Erstellung eines Sponsoring Konzeptes

Nur in den seltensten Fällen wird ein möglicher Sponsor von sich aus einen Verein bzgl. eines Sponsoring Engagements kontaktieren. Will man für einen Verein Sponsoren gewinnen, muss man auf diese zugehen. Bevor man dies tut, sollten bereits im Vorfeld u. a. folgende Fragen geklärt sein:

- Welche Leistungen kann ich anbieten?

- Welchen Preis kann ich für meine Leistungen verlangen?

- Welche Unternehmen soll ich kontaktieren?

- Wie nehme ich Kontakt zu einem potenziellen Sponsor auf?

- Wie wecke ich sein Interesse?

- Welchen Nutzen hat ein Sponsor?

Die Akquisition von Sponsoren erfordert ein systematisches Vorgehen. Also sollte es tunlichst vermieden werden, ohne ein entsprechendes Material auf einen potenziellen Sponsor zuzugehen. Erarbeiten Sie sich mit Ihren Vereinskollegen Unterlagen mit den wichtigen Informationen, die für den Sponsor interessant sein können. Diese fügen Sie zu einer möglichst ansehnlichen Mappe zusammen, sodass sie diese auch beim Sponsor vorlegen und diesem ggfs. zur

Entscheidungsfindung beim Chef oder in seinen Gremien dienen kann.

Was will der Sponsor	Was kann der Verein ihm bieten	Welche Unternehmen sind geeignet
Direktes Geschäft	Unsere Mitglieder und deren Familienangehörige als Kunden	Tankstellen, Gaststätten, Sport- und ähnliche Spezialgeschäfte, Einzelhandel
Seine Kunden pflegen	Unsere Mitglieder und Förderer, die gleichzeitig seine Kunden sind	Großhandelsketten, Versicherungen, Sparkassen, Banken
Seine Mitarbeiter motivieren	Unsere Mitglieder, die gleichzeitig seine Mitarbeiter sind	Größere Unternehmen mit aufgeschlossener Geschäftsleitung
Seinen Bekanntheitsgrad erhöhen	Unsere Mitglieder, Gäste, Zuschauer	Neu gegründete Unternehmen (neue Filialen)
Den Bekanntheitsgrad seines Produkts erhöhen	Unsere Mitglieder, Gäste, Zuschauer	Unternehmen mit neuen Produkten
Sein Image verbessern	Unser positives Image	Unternehmen, die in der öffentlichen Meinung zur Zeit "schlecht wegkommen"

25.6.4 Körperschafts- und Gewerbesteuer beim Verein

In der Regel ist ein Verein als Empfänger von Sponsorengeldern gemeinnützig. Die eingenommenen Gelder können dabei als steuerfreie Einnahmen im ideellen Bereich oder der Vermögensverwaltung zugeordnet werden oder als steuerpflichtige Einnahmen aus einem wirtschaftlichen Geschäftsbetrieb sein. Die steuerliche Behandlung der Gelder beim Sponsor hat auf die Einordnung beim Verein dagegen keinen Einfluss.

Steuerfrei bleiben i. d. R. die Sponsorengelder, wenn der Verein nicht aktiv an den Werbemaßnahmen mitwirkt, indem er zum Beispiel dem Sponsor nur die Nutzung seines Namens zu Werbezwecken überlässt, in der Weise, dass der Sponsor selbst zu Werbezwecken oder zur Imagepflege auf seine finanzielle Unterstützung des Vereins hinweist. Auch ein Hinweis des Vereins zum Beispiel auf Plakaten, Veranstaltungshinweisen, Festschriften, Katalogen, auf die finanzielle Beteiligung des Sponsors löst alleine noch keine Steuerpflicht aus.

Dabei muss aber auf eine besondere Hervorhebung des Namens, eines Emblems oder Logos des Sponsors verzichtet werden. Der Verein betreibt allerdings dann einen steuerpflichtigen wirtschaftlichen Geschäftsbetrieb, wenn er aktiv in die Werbemaßnahmen des Sponsors eingebunden wird.

Hat der Verein im Internet eine eigene Homepage, kann ein Link vom Logo des Sponsors auf der Webseite des Vereins zu den Werbeseiten der Sponsor Firma als aktive Werbeleistung des Vereins aufgefasst werden. Folge: Die Sponsorengelder fallen im Bereich eines steuerpflichtigen wirtschaftlichen Geschäftsbetriebs an und lösen Körperschafts- und Gewerbesteuer aus. Dagegen kann der Verein die Sponsorengelder steuerlich dem ideellen Bereich zuweisen, wenn der Internetauftritt zwar das Logo des Sponsors zeigt, jedoch keine Weiterschaltung bietet.

25.6.5 Umsatzsteuer beim Verein

Bei Zahlungen im Rahmen des Sponsorings handelt es sich grundsätzlich um das Entgelt für steuerpflichtige Leistungen des Vereins an den Sponsor. Entweder liegen nach dem jeweiligen Sponsoring vertrag konkrete Werbeleistungen (z. B. Banden- oder Trikotwerbung, Anzeigen, Lautsprecherdurchsagen usw.) oder Duldungsleistungen (z. B. durch Aufnahme des Logos des Sponsors in Festschriften, Veranstaltungshinweise oder Ausstellungskataloge) vor. Unabhängig von einer im Einzelfall möglicherweise abweichenden ertragssteuerlichen Behandlung unterliegen Werbeleistungen dem allgemeinen Steuersatz von z. Zt. 19 Prozent, da es sich um Umsätze im Rahmen eines steuerschädlichen wirtschaftlichen Geschäftsbetriebs handelt.

Auf Duldungsleistungen, die ohne besondere Hervorhebung des Sponsors oder Nennung von Werbebotschaften vereinbart werden, ist dagegen der ermäßigte Steuersatz von derzeit 7 Prozent anzuwenden, weil kein steuerschädlicher wirtschaftlicher Geschäftsbetrieb vorliegt. Der Verein ist berechtigt, dem Sponsor eine Rechnung mit gesondert ausgewiesener Umsatzsteuer zu erteilen. Eine Rechnungserteilung ist mangels Leistung dagegen nicht zulässig, wenn die Einnahmen in den nicht steuerbaren ideellen Vereinsbereich fallen. Indiz für eine nicht auf einen Leistungsaustausch abzielende allgemeine Förderung der Vereinstätigkeit ist die ertragsteuerliche Behandlung der Zahlung als Spende.

25.6.6 Steuerliche Behandlung beim Sponsor

Unter Sponsoring wird ganz allgemein die Gewährung von Geld oder geldwerten Vorteilen verstanden, die zum einen dem Empfänger helfen soll, seine Aufgabe besser zu erfüllen, mit denen zum anderen aber der Sponsor auch eigene Ziele der Werbung oder Öffentlichkeitsarbeit verfolgt. Diese Aufwendungen sind grundsätzlich als betriebliche Ausgaben anzusehen, mit denen der Sponsor seinen betrieblichen Gewinn mindern kann. Dies gilt immer dann, wenn der Sponsor durch das Sponsoring einen wirtschaftlichen Vorteil für sein Unternehmen erstrebt.

Dieser kann in der Erhöhung oder Sicherung des Ansehens des Unternehmens, aber auch in werbewirksamen Hinweisen auf die Produkte des Unternehmens zu sehen sein. Die Behandlung als Betriebsausgabe hat zwei Vorteile: Zum einen ist der Kreis der begünstigten Empfänger nicht beschränkt, zum anderen sind die Höchstgrenzen des Spendenabzuges nicht zu beachten. Die Finanzämter verweigern allerdings die Anerkennung als steuersparende Betriebsausgaben, wenn die Sponsoren nicht als Geschäftspartner oder Kontaktpersonen zur Pflege geschäftlicher Beziehungen eingeladen werden. Stehen vielmehr private Motive des Unternehmens im Vordergrund, bleiben die Kosten der Veranstaltung reines Privatvergnügen.

Es ist dringend zu empfehlen, dass der Sponsor und der Empfänger vorab einen schriftlichen Vertrag abschließen.

26 Ehrungen

26.1 Kenntnisnahme und Anerkennung

Niemand will, glaubt man den Aussagen der Betroffenen, im Verein geehrt werden, aber jeder ist (zu Recht) verärgert, wenn der 60. Geburtstag, das 10 jährige Jubiläum als Jugendwart oder ein besonderer Einsatz bei der Organisation eines Festes übersehen wird. Darum ist es besonders wichtig, eine verbindliche Ehrungsordnung zu verabschieden und zu veröffentlichen. Nicht nur, damit der Vorstand die Ehrungen nicht vergisst, sondern auch, um Wünsche nach unangemessener Ehrung (der Verein hat uns zum 10. Hochzeitstag nicht mal eine Karte geschickt) durch Hinweis auf diese Ordnung abblocken zu können. Wenn Ihnen der Begriff „Ehrung" zu konservativ ist, ersetzen Sie ihn durch „Anerkennung".

26.2 Muster für eine Ehrungsordnung

26.2.1 § 1 Anerkennung von Leistungen, Verdiensten und Vereinstreue

Der Verein ehrt seine Mitglieder durch Verleihung von Jahresnadeln in Bronze und Ehrennadeln in Silber und Gold für

- Herausragende sportliche Leistungen
  Voraussetzung für diese Ehrung ist, dass die Wettkämpfe über die nötige Breite und Tiefe verfügen. Ansonsten kann der Vorstand nach Anhörung der betroffenen Abteilung und des Ältestenrates eine andere Zuordnung als in den Richtlinien vorgesehen beschließen.
  Die Voraussetzungen sind in jedem Fall gegeben, wenn im Sportbezirk mindestens 10 Vereine in dieser Sportart an Wettkämpfen oder in einzelnen Disziplinen mindestens 10 Sportler teilnehmen.
- Besondere Verdienste
  Besondere Verdienste werden erworben durch langjährige Ausübung eines Ehrenamtes
    als Mitglied des Vorstandes,
    als Mitglied eines Abteilungsvorstandes,
    als Betreuer oder ehrenamtliche Übungsleiter.
- Langjährige Treue als Vereinsmitglied.

Die Ehrungen erfolgen durch den Vorstand in einer Mitgliederversammlung.

26.2.2 § 2 Ehrung von Förderern

Personen und Unternehmen, die sich durch besondere Leistungen oder finanzielle Zuwendungen um den Verein verdient gemacht haben, können geehrt werden, auch wenn sie nicht Mitglied des Vereins sind.

26.2.3 § 3 persönlicher Ehrentage

Bei persönlichen Anlässen gratuliert der Verein in angemessener Weise

26.2.4 § 4 Todesfälle

Der Verein kondoliert in angemessener Weise.

26.2.5 § 5 besondere Anlässe

Anlässlich von besonderen Ehrentagen des Vereins, z. B. Jubiläum, Einweihungen etc., können außerdem geehrt werden:

- Mitglieder, wenn sie sich um den Verein verdient gemacht haben. Der Verdienst sollte im Zusammenhang mit dem Anlass stehen.
- Nichtmitglieder, die sich um den Verein in besonderer Weise verdient gemacht haben. Der Verdienst sollte in Zusammenhang mit dem Anlass stehen.

Über Art und Umfang der Ehrungen ist in Abstimmung mit dem Ältestenrat ein Beschluss des Vorstands herbeizuführen. Pro Anlass sollten maximal fünf Personen geehrt werden.

26.2.6 §6 Ehrungen können beantragt werden

- durch das betroffene Mitglied,
- durch die Abteilungsvorstände,
- durch den Vorstand.

26.2.7 § 7 Entscheidung

Über eine Ehrung entscheidet der Vorstand auf der verbindlichen Grundlage dieser Ehrungsordnung.

Jeder Antragsteller hat das Recht, bei Ablehnung seines Antrages den Ältestenrat anzurufen, der nach Anhörung des 1. Vorsitzenden entscheidet. Der Ältestenrat ist an die Ehrungsordnung gebunden.

26.2.8 § 8 Kosten

Die Kosten für Ehrungen dürfen pro Person an den Halbjahresbeitrag eines erwachsenen Mitgliedes nicht übersteigen.

26.2.9 § 9 Richtlinien

Der Vorstand erlässt Richtlinien zur Ehrungsordnung, die der Mitgliederversammlung zur Kenntnis zu geben sind.

26.3 *Verbindliche Richtlinie zur Ehrungsordnung*

26.3.1 Anerkennung von Leistungen

Die Jahresnadel in Bronze wird verliehen für Meisterschaften beziehungsweise erste Plätze auf Kreis und Bezirksebene sowie für zweite und dritte Plätze auf Landesebene. Erreicht ein Sportler bzw. eine Mannschaft zum fünften Mal die Auszeichnung der Jahresnadeln in Bronze erhalten er/sie die Ehrennadel in Silber, bzw. beim 10. Mal die Ehrennadel in Gold.

26.3.2 Anerkennung von Verdiensten um den Verein

Die Jahresnadel in Bronze wird verliehen für 25 zusätzliche Arbeitsstunden oder eine ähnliche Leistung oder und für Spenden ab € 500,- innerhalb eines Jahres. Die Jahresnadel in Bronze erhält außerdem jeder, der das volle Jahr ein Ehrenamt ausgeübt hat. Hat jemand fünfmal die Jahresnadel in Bronze erhalten oder kumuliert € 5.000,- gespendet erhält er die Ehrennadel in Silber. Hat jemand 10 Mal im Jahresnadel in Bronze erhalten oder € 10.000,- kumuliert gespendet erhält er die Ehrennadel in Gold.

26.3.3 Anerkennung von Vereinstreue

Bei 25-jähriger Vereinsmitgliedschaft erhält das Vereinsmitglied die silberne Ehrennadel, bei 40-jähriger Vereinsmitgliedschaft die goldene Ehrennadel.

26.3.4 Ehrung zu persönlichen Anlässen

Zum 50. und 60. Geburtstag erhält jedes Vereinsmitglied eine vom Vorstand unterzeichnete Glückwunschkarte.

Zum 65. und 70. Geburtstag erhält jedes Vereinsmitglied ein Präsent in Höhe von 3 Monatsbeiträgen eines erwachsenen Mitgliedes. Das Präsent wird vom Abteilungsvorstand überreicht.

Zum 75., 80., 85. und so weiter Geburtstag erhält jedes Vereinsmitglied ein Präsent in Höhe von 6 Monatsbeiträgen eines erwachsenen Mitgliedes. Das Präsent wird vom Vorstand überreicht.

Zur goldenen Hochzeit erhält das Brautpaar ein Präsent in Höhe von 6 Monatsbeiträgen eines erwachsenen Vereinsmitgliedes. Das Präsent wird vom Vorstand überreichte.

Bei Tod eines Mitgliedes erhalten die Hinterbliebenen ein Kondolenzschreiben vom Vorstand des Vereins. Beim Tod eines Mitgliedes mit silberner Ehrennadel wird am Grab ein Kranz still niedergelegt. Beim Tod eines Mitgliedes mit goldener Ehrennadel wird am Grab einen Kranz niedergelegt. Soweit die Angehörigen es wünschen, wird vom Vorstand des Vereins eine Grabrede gehalten. Es wird ein Nachruf in der örtlichen Zeitung veröffentlicht.

27 Zeit- und Kostenmanagement

27.1 Kostenüberprüfung im Verein?

Bei den paar Euro, die uns im Verein zur Verfügung stehen, können wir gar nicht zu viel Geld ausgeben! Dieser Einwand ist sicher in vielen Fällen richtig, Erfahrungswerte zeigen jedoch, dass auch in Ihrem Verein mindestens 10 % Ihrer Kosten eingespart werden können, wenn diese längere Zeit nicht überprüft wurden.

Es lohnt sich ebenso, den Aufwand zu überprüfen, der sich nicht direkt in Kosten niederschlägt. Dies ist in erster Linie die Zeit, die die ehrenamtlichen Funktionsträger, Helfer und Betreuer aufwenden müssen. Unnötiger Zeitaufwand frustriert und steht dort, wo er tatsächlich dringend erforderlich ist, nicht zur Verfügung.

27.1.1 Materialkosten

Die Materialkosten sind in vielen Vereinen der größte Kostenfaktor. Unnötige Kosten entstehen durch leichtfertigen Umgang mit Notenbüchern (Gesangverein), Bällen (Sportvereinen), Verbandsmaterial (karitative Organisationen) usw. Materialkosten können Sie sparen, indem Sie festlegen, wer für die Materialien die persönliche Verantwortung trägt. Verlangen Sie für ausgegebenes Material eine Unterschrift des Empfängers; wird das Material weitergegeben, ist die Übergabe ebenfalls zu dokumentieren (Verantwortlich ist immer eine Person, nie eine Gruppe).

Vergleichen Sie den Verbrauch mit dem des Vorjahres und mit dem anderer Gruppen. Die Vergleichszahlen geben Sie den Gruppen bekannt. Sie meinen, die wenigen ehrenamtlichen Helfer Ihres Vereins, die Ihnen verblieben sind, würden ob solcher "Kontrollen" auch noch die Segel streichen? Das können Sie verhindern, indem Sie sich einvernehmlich mit allen Beteiligten auf solche Regelungen einigen! Sie werden überrascht sein, wie vielen Ihrer Vereinsmitglieder die hohen Materialkosten schon lange ein Dorn im Auge sind.

27.1.2 Inventar

Ein vergleichbares Problem wie die Materialkosten sind Aufwendungen für die höherwertigen Geräte Ihres Vereins. Obwohl Sie vor zwei Jahren erst drei neue Tischtennisplatten angeschafft haben, kommt erneut eine Anforderung aus dieser Sparte. Endlich haben Sie wieder genügend Teilnehmer für Ihre Jugendmusikgruppe. Die Instrumente, die vor fünf Jahren noch vorhanden waren, sind jedoch nicht mehr aufzufinden.

Vor solchen Überraschungen kann Sie eine regelmäßig zum Jahresende durchgeführte Inventur schützen. Erfassen Sie alle höherwertigen Wirtschaftsgüter Ihres Vereins in einem Inventarverzeichnis. Lassen Sie zu jedem einzelnen Wirtschaftsgut vermerken, ob es noch in einem einwandfreien Zustand, reparaturbedürftig oder nicht mehr zu verwenden ist. Halten Sie auch fest, wo das Wirtschaftsgut verwahrt wird und wer für die Verwahrung und Pflege zuständig ist.

Vielleicht finden Sie für die im Verein nicht mehr verwendbaren Geräte noch einen privaten Käufer. Auch vor jeder Kosten verursachenden Reparatur überlegen Sie, ob eine Neuanschaffung, bei der Sie das alte Gerät in Zahlung geben, günstiger ist.

27.1.3 Versicherungen

Die Versicherungen Ihres Vereins überprüfen Sie in turnusmäßigen Abständen auf

- einen angemessenen Beitrag (Konkurrenzangebote einholen, auch wenn ein Vereinsmitglied Versicherungen vertreibt.)und

- die generellen Notwendigkeit.

27.1.4 Verbandsbeiträge

Erhöhte Kosten entstehen dem Verein am ehesten dadurch, dass so genannte "Karteileichen" als zahlende Mitglieder gemeldet werden.

27.1.5 Gehälter

Festangestellte Mitarbeiter sind für gemeinnützige Vereine nicht typisch. Es gibt sie jedoch in Vereinsheimen als Vereinswirt, als Platzwarte oder, im Rahmen eines nebenberuflichen Beschäftigungsverhältnisses, als Übungsleiter. Anders als in einem Unternehmen ist es im Verein mitunter sehr schwierig, die Arbeitsproduktivität seiner Mitarbeiter zu überwachen oder auch nur richtig zu beurteilen.

Helfen kann hier eine zumindest teilweise erfolgsabhängige Vergütung (Vereinswirt: Umsatzabhängig; Übungsleiter: Abhängig von der

Anzahl der Teilnehmer am Übungsabend oder dem Tabellenstand). In anderen Fällen ist ein monatliches Festgehalt mit genauer Aufgabenbeschreibung besser als der Stundenlohn. (Platzwart: Der Rasen ist einmal in der Woche zu mähen und zu walzen, die Umkleidekabinen bis 11.00 Uhr, Sonn- und Feiertags bis 10.00 Uhr zu säubern.)

27.1.6 Fahrtkosten überprüfen

Die Problemstellung bei den Fahrtkosten ist, eine möglichst gerechte Regelung herbeizuführen, die trotzdem den Verein nicht zu sehr belastet. Für viele Vereinsfahrten werden erfreulicherweise keine Fahrtkosten abgerechnet, andere Mitglieder spenden den erhaltenen Betrag an den Verein zurück, wieder andere rechnen die Fahrtkosten zu den für den "öffentlichen Dienst" geltenden Sätzen ab.

Grundsätzlich sollten bei vereinsbedingten Fahrten, anders als bei beruflichen Fahrtkosten, nicht die tatsächlichen Betriebskosten ersetzt werden, sondern lediglich die Benzinkosten. (Die anteilige Fahrleistung für den Verein ist so gering, dass Fixkosten des Fahrzeugs nicht kalkuliert werden müssen). Bei einem durchschnittlichen Verbrauch von 10 l auf 100 km und einem Benzinpreis von 1,20 Euro sind dies 0,12 Euro. Dabei sollte der Fahrer eines PKW die Verpflichtung übernehmen, bis zu zwei weitere Personen mitzunehmen, sodass pro Person ein Kilometersatz von 5 Cent gerechnet wird.

Trotz dieses relativ geringen Satzes werden viele Vereine nicht in der Lage sein, für alle Fahrten Kilometergelder zu zahlen. Um Ihre Mitglieder gleichmäßig zu belasten, legen Sie fest, wie viele Fahrten oder Kilometer im Jahr oder pro Saison von einem Mitglied oder, bei Jugendlichen, von den Eltern des Mitgliedes, zu leisten sind. Ist das Mitglied hierzu aus zeitlichen odersonstigen Gründen nicht in der Lage, wird ein finanzieller Ausgleich verlangt. Bei sozialen Härten lassen Sie Ihren Ehrenrat über Ausnahmeregelungen entscheiden. Ähnliche Regelungen haben sich bei der Pflege vereinseigener Anlagen bestens bewährt.

27.1.7 Aufwandsentschädigungen

Erscheinen Ihnen die Aufwandsentschädigungen für Übungsleiter zum Teil unangemessen, sollten Sie, ähnlich wie bei Gehaltszahlungen beschrieben, zu einem Teil zu erfolgsabhängigen Zahlungen kommen. Überprüfen Sie zumindest regelmäßig, ob die Übungsstunden auch besucht sind.

27.1.8 Angebot auf Stärken konzentrieren

Das Angebot des Vereins wird durch Wünsche der Mitglieder, bestimmte Leistungen auch in Ihrem Verein zu bekommen (z. B. Aufnahme neuer Sparten im Sportverein, Wünsche nach geselligen Veranstaltung in einem bisher im karitativen Bereich tätigem Verein) oder durch das Ziel des Vorstands, das Beitragsaufkommen durch mehr Mitglieder zu erhöhen, immer mehr ausgedehnt.

Dies ist aber nur möglich, wenn auch immer mehr Mitglieder bereit sind, ehrenamtliche Aufgaben zu übernehmen. Sollten Sie in Ihrem Verein hierbei an Grenzen stoßen, ist es an der Zeit sich auf die eigentlichen Stärken Ihres Vereins zu konzentrieren.

Trennen Sie sich von den Bereichen, bei denen der Zeitaufwand in keinem positiven Verhältnis zum Nutzen für den Verein steht. (Übungsabende mit geringer Teilnehmerzahl verlangen den gleichen organisatorischen Aufwand, wie gut besuchte.)

Prüfen Sie, ob Ihre Veranstaltungen wirklich von den Vereinsmitgliedern angenommen werden, oder nur von einer Gruppe mit wesentlicher externer Verstärkung genutzt werden. Wird das Vereinsheim noch von den Mitgliedern angenommen?

27.1.9 Aufbauorganisation

Eine effiziente Aufbauorganisation hilft, Zeit zu sparen. Im Vereinsvorstand sollen in erster Linie Entscheidungen getroffen werden, Problemlösungen erarbeiten Sie besser in Arbeitskreisen. Viele

Entscheidungen können delegiert werden und erhöhen so die Entscheidungsgeschwindigkeit.

27.1.10 Positionen nach Vorkenntnissen vergeben.

In den Vereinen sind wir häufig froh, wenn wir bei anstehenden Neuwahlen überhaupt alle Positionen besetzen können. Trotzdem sollten Sie anstreben, bei der Besetzung die Vorkenntnisse oder hauptberuflichen Erfahrungen Ihrer Mitglieder zu nutzen.

So interessant es für den Einzelnen auch sein mag, einmal etwas völlig Neues zu versuchen, es geht zulasten der Zeit. Niemand würde jemandem die Leitung eines Männerchores übertragen, ohne dass dieser eine entsprechende Vorbildung besitzt; so sollte auch ein Pressewart häufiger schon mit dem PC gearbeitet haben und ein Schatzmeister den Umgang mit der EDV-Buchführung beherrschen.

27.1.11 Leistungsziele setzen

Setzen Sie Leistungsziele für Training und Spielbetrieb, zum Beispiel hinsichtlich der Teilnehmerzahl, bei der der Verein zu der üblichen Unterstützung bereit ist.

27.1.12 EDV bei der Mitgliederverwaltung

Spätestens wenn Ihr Verein mehr als 30 Mitglieder hat, sollten Sie sich bei der Mitgliederverwaltung der Datenverarbeitung bedienen. Hierzu gibt es eine Vielzahl von Programmen.

27.1.13 Formulare einführen

Überall dort, wo regelmäßiger Schriftverkehr zur gleichen Sache Stellung nimmt, sollten Sie über die Einführung von Formularen (ggfs. als Muster im PC) nachdenken. Dies ist der Fall bei Anträgen zur Fahrtkostenerstattung oder Mitteilungen über Versammlungen o. ä. am Schwarzen Brett. Aber auch Protokolle können Sie formularmäßig vorbereiten.

27.2 Perfektionismus vermeiden

Wenn Sie die obigen Vorschläge als Perfektionismus abgetan haben, ist die Gefahr, die darin liegt, von Ihnen rechtzeitig erkannt worden. Wie fast immer kommt es darauf an, sich vor Übertreibungen zu hüten. Nicht alle Anregungen können umgesetzt werden, und insbesondere nicht alle zur gleichen Zeit.

28 Öffentlichkeitsarbeit

28.1 Tue Gutes und rede darüber

Jedes Unternehmen, jeder Verband, jede öffentliche Körperschaft aber erst recht jeder Verein muss sich in der Öffentlichkeit engagieren. Tue Gutes und rede darüber - Dieses Motto eines erfolgreichen amerikanischen Unternehmens sollte auch der Leitspruch Ihres Vereins sein.

28.2 Worum geht es?

Ihr Verein ist darauf angewiesen, von der Bevölkerung Ihres Einzugsgebietes, von deren politischen Vertretern, von Sponsoren und nicht zuletzt von seinen Mitgliedern anerkannt zu werden - er braucht ein gutes Image. Sie sind also gefordert, Informationen über das eigene Tun zu verbreiten, Aufmerksamkeit zu erwecken und um Verständnis für die Aufgaben und Ziele Ihres Vereins zu werben.

Öffentlichkeitsarbeit wirkt immer in zwei Richtungen:

- Nach innen, auf die Mitglieder und Funktionsträger.

- Nach außen, auf die Bevölkerung des Einzugsgebietes, Verbände, Institutionen und Sponsoren.

Öffentlichkeitsarbeit nach außen wirkt immer auch nach innen; eine gute Öffentlichkeitsarbeit bewirkt für die Mitglieder, dass diese sich mit dem Verein identifizieren und ihn weiterempfehlen.

Mit der Öffentlichkeitsarbeit für Ihren Verein:

- Erreichen Sie einen hohen Bekanntheitsgrad in der Bevölkerung.

- Bekommen oder stärken Sie den guten Ruf des Vereins Ihrem Einzugsbereich und darüber hinaus.

- Gewinnen Sie neue Mitglieder.

- Wird den politischen Gremien die Leistung für die Allgemeinheit deutlich.

- Empfehlen Sie sich den Sponsoren als interessanter Gesprächs- und Geschäftspartner.

28.3 Möglichkeiten einer positiven Selbstdarstellung:

28.3.1 Presseartikel:

- Zielgruppe: Bevölkerung Ihres Einzugsgebietes.

- Vorteile: Hohe Beachtung; Große Verbreitung; hohe Akzeptanz beim Leser; Keine Kosten.

- Nachteile: Geringe Einflussmöglichkeit auf Erscheinungstermin und tatsächlich veröffentlichten Inhalt.

- Hinweise: Allgemeine Regeln zur Pressearbeit beachten.

28.3.2 Leserbriefe:

- Zielgruppe: Bevölkerung Ihres Einzugsgebietes.

- Vorteile: Leserbriefe werden i. d. R. nur gekürzt, nicht redaktionell verändert; Keine Kosten.

- Nachteile: Geringere Beachtung; Geringere Akzeptanz beim Leser; nur wenige Themen eignen sich für Leserbriefe.

- Hinweise: Sie erhöhen die Akzeptanz von Leserbriefen, wenn Sie Ihre Meinung möglichst objektiv darlegen; Polemik schadet nur.

28.3.3 Schaukasten:

- Zielgruppe: Bevölkerung allgemein.

- Vorteile: Geringer Arbeitsaufwand.

- Nachteile: Begrenzte Darstellungsmöglichkeiten.

- Hinweise: Ein guter Standort ist wichtig (Fußgängerzone, Einkaufszentrum) - das Schwarze Brett für vereinsinterne Nachrichten richtet sich an eine andere Zielgruppe! Die Mitteilungen müssen immer aktuell sein.

28.3.4 Plakate:

- Zielgruppe: Bevölkerung in Ihrem Einzugsgebiet.

- Vorteile: Durch Werbepartner finanzieller Überschuss möglich; Durch häufigen Aushang hoher Aufmerksamkeitsgrad.

- Nachteile: Neben der reinen Sachinformation (z. B. Hinweis auf eine Veranstaltung) wenig Möglichkeiten zur Selbstdarstellung.

- Hinweise: Wildes Plakatieren vermeiden - das ergibt sonst ein Negativimage; Alte Plakate entfernen.

- Regelungen der Kommunen zur Plakatierung beachten

28.3.5 Veranstaltungen/Tag der offenen Tür

- Zielgruppe: Am Vereinsleben interessierte Nichtmitglieder Vorteile: Gute Möglichkeit der Selbstdarstellung; hohe Aufnahmebereitschaft bei den Gästen.

- Nachteile: Hoher Arbeitsaufwand; Kostenrisiko; Gefahr, dass zu wenig Gäste erscheinen = Negativimage!

- Hinweise: Langweilen Sie Ihre Gäste nicht mit zu viel Vereinsinterna.

28.3.6 Schnupperkurse:

- Zielgruppe: Am Vereinsangebot interessierte Nichtmitglieder.

- Vorteile: Geringe Streuverluste, da nur wirklich interessierte Teilnehmer.

- Nachteile: Hoher organisatorischer Aufwand; Evtl. Kostenrisiko.

- Hinweise: Schnupperkurse müssen nahezu professionell organisiert werden!

28.3.7 Empfänge

- Zielgruppe: Persönlichkeiten des öffentlichen Lebens, Sponsoren, Förderer des Vereins, Presse.

- Vorteile: Hervorragende Möglichkeit zur zielgerichteten Selbstdarstellung des Vereins.

- Nachteile: Hoher organisatorischer Aufwand; Akzeptanzrisiko (Bei der Vielzahl z. B. der Neujahrsempfänge ist es schwer, einen weiteren Empfangstermin bei den als Zielgruppe genannten zu etablieren).

- Hinweise: Zum Empfang geht man, weil alle hingehen. Sichern Sie sich die Teilnahme der wichtigsten Persönlichkeiten durch vorherige Terminabsprache!

28.3.8 Jahresbericht/Geschäftsbericht

- Zielgruppe: Persönlichkeiten des öffentlichen Lebens, Sponsoren, Förderer des Vereins, Presse.

- Vorteile: Hervorragende Möglichkeit zur zielgerichteten Selbstdarstellung des Vereins.

- Nachteile: Hoher Erstellungsaufwand, der nahezu professionellen Ansprüchen genügen sollte; Druckkosten.

- Hinweis: Gleichzeitig ein Instrument der Information und Motivation für die eigenen Mitglieder. Wegen der erhofften Wirkung auch nach außen nicht mit langweiligen Interna überfrachten.

28.3.9 Homepage

- Zielgruppe: Alle am Verein Interessierten mit Internetanschluss.
  Vorteil: Alle Interessierten mit Internetanschluss, auch die

weiter entfernten, könne zeitnah informiert werden. Geringer Kostenaufwand.

- Nachteil: Eine Internetseite muss! aktuell sein, sonst wird sie nicht akzeptiert.

- Hinweis: Möglichst per E-Mail auf neue Inhalte hinweisen. Bieten Sie die Möglichkeit, einen Newsletter des Vereins zu bestellen.

28.3.10 Facebook etc.

Zielgruppe: Alle am Verein interessierten

Nachteil: Hoher Zeitaufwand

29   Effektive Pressearbeit im Verein

29.1 Aktuell

Bemühen Sie sich um Aktualität. Berichte und Ergebnisse vom Wochenende sollten so eingereicht werden, dass sie spätestens dienstags in der Tageszeitung veröffentlicht werden können. Bei ganz wichtigen Ereignissen tut's auch ein kurzer Anruf am Sonntag, dann kann ein ausführlicher schriftlicher Bericht folgen.

29.2 Vollständig

Sorgen Sie für Vollständigkeit Ihrer Texte. Versehen Sie sie mit Name, Anschrift, Telefonnummer (für Rückfragen) und Funktion des Absenders.

29.3 Logischer Aufbau

29.3.1 Klar nach 5 Sätzen

Sorgen Sie für einen logischen Aufbau und gute Leserlichkeit Ihrer Texte. Machen Sie gleich in den ersten fünf Sätzen klar, um was es geht. Kommen Sie nicht über unendliche Schilderungen erst auf

Seite drei zum Wesentlichen. Berücksichtigen Sie die berühmten "fünf W's" des Journalismus: Wer, was, wann, wo und warum.

29.3.2 Von Anfang bis Ende

Achten Sie darauf, dass Ihre Angaben von Anfang bis Ende den gleichen logischen Aufbau haben. Also: Ines Wartenberg gewann den Schlagballweitwurf der C Jugend mit 47 m Oder: Der TuS Fritzlar gewann sein Meisterschaftsspiel gegen Grün-Weiß Borken mit 2:1 (Halbzeit 1:0). Und nicht: Ines Wartenberg belegte in ihrer Klasse Platz 1. Oder: Der TuS Fritzlar gewann sein Meisterschaftsspiel mit 2:1. Wichtig: Benennen Sie alle vorkommenden Personen mit Vor- und Zunamen, also nicht: K. Meier vor J. Schmitz.

29.4 *Auf das Wesentliche Beschränken*

Beschränken Sie sich aufs Wesentliche. Oft genügen Stichworte, denn das Ausformulieren übernimmt ohnehin die Redaktion. Je kürzer und präziser ein Text abgefasst ist, desto größer ist seine Chance, bereits am nächsten Tag in der Zeitung zu stehen.

29.5 *Ankündigungen rechtzeitig*

29.5.1 Mindestens eine Woche

Achten Sie darauf, dass Ankündigungen zu einem Ereignis rechtzeitig in der Redaktion eintreffen, am besten eine Woche im Voraus, spätestens aber am Mittwoch vor dem Veranstaltungswochenende. Nur dann ist eine rechtzeitige Vorankündigung und eine Berücksichtigung in den verschiedenen Terminübersichten sowie eventuell ein Besuch Ihrer Veranstaltung zwecks Nachberichterstattung möglich.

29.5.2 Immer schriftlich

Einladungen zu Veranstaltungen, Turnieren, Sportfesten, Jahreshauptversammlungen bitte immer schriftlich einreichen. Das muss kein eigener Text sein, meist genügt eine Kopie der Ausschreibung oder Einladung.

29.5.3 Terminabsprachen

Terminabsprachen, auch und vor allem wegen Fotos, nur mit der Redaktion treffen, Sie können auch eigene Fotos, z. B. wenn Ihre Mannschaft Meister geworden ist, einreichen, sofern die technische Qualität stimmt.

30   Veranstaltungen organisieren

30.1   Warum eigentlich

Welche Gründe dazu führen, eine Veranstaltung im Verein durchzuführen, sind letztlich unerheblich. Die Vorbereitung ist arbeitsaufwendig, zeitaufwendig und aufgrund der Vielzahl der Dinge, an die zu denken ist, durchaus stressig. Die wichtigsten Veranstaltungen im Verein sind wohl:

- Jubiläumsveranstaltungen

- Einweihungen

- Weihnachtsfeiern

- Sommerfeste

- Sportturniere

- Theateraufführungen

- Musikveranstaltungen

- Tanzveranstaltungen (Bälle)

Diese Veranstaltungen dienen

- der Festigung des Vereinslebens,

- der Darstellung des Vereins in der Öffentlichkeit,

- der Gewinnung neuer Mitglieder,

- der Aufbesserung der Vereinsfinanzen.

Welche Motivation auch immer den Verein veranlasst, eine Veranstaltung durchzuführen, die Erwartungshaltung der Besucher ist in der Regel hoch und die Bereitschaft zur Kritik ebenfalls immer geben.

Darum ist der Vorstand eines Vereins gut beraten, wenn er die Organisation einer Veranstaltung möglichst professionell durchführt, denn dies entspricht exakt den Erwartungen und Interessen der potenziellen Besucher. Es entspricht nicht immer den Talenten des Vorstandes und ist auch nicht seinen originäre Aufgaben, Veranstaltungen zu organisieren. Es hat sich in der Praxis daher bewährt, die Organisation von Veranstaltungen einem Gremium, wir nennen es hier und im Folgenden den Festausschuss, zu übertragen. Dort können dann durchaus sich berufen fühlende Vereinsmitglieder mitmachen.

30.2 Festausschuss

30.2.1 Die Zusammensetzung

Die Anzahl der Mitglieder des Festausschusses richtet sich zunächst nach den zu bewältigen Aufgaben. Wichtig ist, dass jedes Mitglied eine Aufgabe hat und dass die Aufgaben nach Schwierigkeit und der persönlich zur Verfügung stehenden Zeit ausgewogen sind. Üblicherweise sollte für die jetzt genannten Aufgabenbereiche jeweils ein Mitarbeiter zur Verfügung stehen:

- Leitung und Koordination.

- Programmgestaltung.

- Werbung und Öffentlichkeitsarbeit.

- Organisation und Anleitung der Helfer.

- Bewirtung.

- Betreuung der Gäste.

Diese Liste kann um weitere Punkte ergänzt werden, es können auch nicht benötigte Punkte gestrichen werden. Wichtig ist jedoch, dass der Leiter des Festausschusses ausschließlich mit der Koordination und der Information des Vorstandes befasst ist. So richtig es ist, das nicht automatisch und per Funktion der Vorstand die Aufgabe hat, ein Fest zu organisieren, so wichtig ist es auch, dass der Vorstand über alle Planungsschritte des Festausschusses informiert ist. Insbesondere dann, wenn es Pannen gibt, wird man in erster Linie immer den Vorstand in die Verantwortung nehmen.

Der Vorstand sollte nicht nur informiert werden, sondern nach erfolgten Planungsschritten jeweils einem Vorstandsbeschluss fassen, in dem er die bisherige Tätigkeit des Festausschusses zur Kenntnis nimmt und billigt.

30.2.2 Die erste Sitzung

In der ersten Sitzung sind nach dem oben vorgegebenen Schema zunächst einmal die möglichen Aufgabenfelder zu erarbeiten und nach Aufwand und Anspruch etwa gleich gewichtete Aufgabenbereiche einzuteilen. Diese Aufgabenbereiche sollten dann den Mitgliedern des Festausschusses zugewiesen werden. Des Weiteren gilt es, Arbeitsschritte festzulegen, in denen auch vorgegangen werden soll. Dabei können die hier veröffentlichten Checklisten eine Hilfe sein. Legen Sie auch bereits im Vorfeld die Sitzungstermine fest. Diese sollten in sinnvoller Weise jeweils vor einer Vorstandssitzung sein, um dann dort aktuell berichten zu können.

Vielleicht können Sie schon in der ersten Sitzung folgende Punkte abhandeln:

- Welche Termine für die Veranstaltung kommen infrage?
- Sind diese Termine frei von Veranstaltungen anderer evtl. konkurrierender Organisationen?
- gibt es die Möglichkeit, dies über einen Veranstaltungskalender der Gemeinde abzugleichen?

- Gibt es Gründe, den Termin nicht oder gerade an einem Wochenende, in den Ferien, in Wochen mit Brückentagen stattfinden zu lassen?

- Kommen Mitveranstalter oder Kooperationspartner infrage?

- Kann die Veranstaltung um andere Themenbereiche erweitert werden, um Synergieeffekte zu erreichen?

30.2.3 Protokoll

Über jede Sitzung sollte ein Protokoll geführt werden, das ein wesentlicher Baustein der Informationspolitik sein sollte. Legen Sie daher fest,

- wer das Protokoll schreibt (ein Mitglied, alle Mitglieder im Wechsel),

- wer das Protokoll unterschreibt,

- bis wann das Protokoll vorliegen soll,

- wer alles das Protokoll erhalten soll (Mitglieder des Festausschusses, Mitglieder des Vorstands).

30.2.4 Abschlusskontrolle

Nach Abschluss der Veranstaltung ist eine Abschlusskontrolle vorzunehmen. Dabei sollten Sie von sich aus bereits Schäden feststellen. Diese sind entweder vom Verein zu beheben oder unverzüglich der Haftpflichtversicherung zu melden.

30.2.5 Endabrechnung

Bei guter Planung sollte die Endabrechnung Sie nicht überraschen. Bereits vor Beginn der Veranstaltung dürften die meisten Kosten feststehen und können in die schriftliche Endabrechnung übernommen werden. Nach Abschluss der Veranstaltung oder bereits während dieser werden die einzelnen Einnahmearten erfasst. Soweit eine deutliche Abweichung von der ursprünglich in Planung festzustellen ist, sollte diese fundiert begründet werden.

30.2.6 Abrechnung

Die Gesamtabrechnung sollte ebenso wie eventuelle Teilabrechnungen von den Verantwortlichen unterschrieben werden. Dabei unterschreiben üblicherweise zwei Personen, die eine stellt die Abrechnung auf und die andere prüft diese. Entsprechend wird auch unterschrieben. Die Endabrechnung wird dem Vorstand zur Kenntnisnahme und zur Genehmigung übergeben.

30.3 Finanzplan

Das Gegenteil von gut ist gut gemeint. Dies gilt gerade auch bei der Organisation von Veranstaltungen. Bei aller Begeisterung für die Möglichkeiten der Selbstdarstellung für Ihren Verein ist eine solide Finanzplanung unerlässlich, um am Schluss mit einem guten Ergebnis von einer gelungenen Veranstaltung zu sprechen. Wir führen hier mögliche Kosten auf, die Sie bei Bedarf in Ihrer Finanzplanung berücksichtigen sollten:

30.3.1 Ausgaben

Saalkosten, Mieten, Strom, Heizung, Leihgebühr für Geräte, Hausmeisterkosten, Reinigungskosten, Dekoration, Werbung, Programmhefte, Eintrittskarten, Plakate, Einladungskarten, Handzettel, Zeitungsanzeigen, Honorare für Referenten, Honorare für Musiker, Transportkosten, Kosten für Gläser, Geschirr und Besteck, Hotelkosten für Gäste, Fahrtkosten für Gäste, Verzehrgutscheine für Gäste, Speisen und Getränke, Kellner und Bedienung, Bewirtung der Helfer, GEMA, Konzessionsgebühren, Gebühren für Erlaubnisse, Verkaufsstände, Bürobedarf, Portokosten, Telefongebühren, Versicherungen, Steuern von Abgaben.

Wir beileibe nicht sicher, dass wir alle möglichen Kosten hier aufgeführt haben. Denn häufig gibt es spezielle Kostenarten, die veranstaltungs- oder vereinstypisch sind.

30.3.2 Einnahmen

Dagegen sind die Einnahmen zu setzen, in die nach Erfahrungswerten (eigener oder von anderen Veranstaltern in Erfahrung gebrachte) nach bestem Gewissen und Gewissen geschätzt werden:

Eintrittsgelder, Spenden, Zuschüsse, Werbeeinnahmen, Tombola, Programmhefte, Verkauf von Speisen und Getränken, Startgelder und so weiter.

30.3.3 Gegenüberstellung

Die Einnahmen und Ausgaben werden in einem schriftlich fixierten Plan gegenübergestellt, der den Vorstand zur Kenntnis und Beschlussfassung vorgelegt werden sollte. Bei größeren Veranstaltungen kann es sinnvoll sein, für die einzelnen Aufgabenbereiche Budgets aufzustellen. Damit können die Verantwortlichen über Ausgaben selbst entscheiden. Dies kann den organisatorischen Ablauf wesentlich beschleunigen. Außerdem führte dies erfahrungsgemäß zu einem eindeutig hören Motivationsgrad der Beteiligten.

30.4 Absprache mit Behörden

30.4.1 Formalien beachten

Eine wichtige Aufgabe der Organisatoren besteht darin, die notwendigen Genehmigungen von Behörden und sonstigen zuständigen Stellen einzuholen, den nötigen Schriftverkehr zu führen und den Abschluss von Verträgen vorzubereiten. Die Verträge sind wiederum vom Vorstand zu genehmigen und vom Vorstand nach § 26 BGB zu unterzeichnen.

Denken Sie daran, dass die Beantragung von Genehmigungen häufig fristgebunden ist, sodass diese rechtzeitig zu stellen sind. Dies kann häufig auch formlos geschehen. Ist ein Formular erforderlich, wird Ihnen die Behörde dies sicher zu schicken. Die Frist beginnt in der Regel jedoch bereits mit der formlosen Antragstellung zu laufen.

30.4.2 Alles griffbereit

Denken Sie daran, dass sie die behördlichen Genehmigungen mitunter am Veranstaltungstag griffbereit haben sollten. Es empfiehlt sich also, dafür einen separaten Ordner anzulegen. Wenn es möglich ist, sollten vor Ort eventuell beglaubigte Kopien vorhanden sein.

30.4.3 Auflagen überwachen

Die behördlichen Genehmigungen sind häufig an Auflagen gebunden, deren Erfüllung innerhalb des Festausschusses auf die einzelnen Mitglieder je nach Aufgabengebiet zu verteilen ist. In einer Checkliste sollte dies festgehalten werden und die Erledigung rechtzeitig abgefragt werden. Besonders wichtig in diesem Zusammenhang der Hinweis, dass die Veranstaltung nicht mit dem letzten Ton der Musikkapelle beendet ist. Behörden reagieren häufig sehr unangenehm, wenn die Auflagen hinsichtlich der Sauberkeit und der Wiederherstellung des Ursprungszustandes nicht korrekt erfüllt werden.

30.4.4 Konzession

Wenn Sie den Verkauf von Speisen und Getränken selbst übernehmen, benötigen Sie dafür in der Regel eine Genehmigung nach dem Gaststättengesetz unabhängig davon, ob diese Veranstaltung im Freien oder in geschlossenen Räumen stattfindet. Die Genehmigung ist in der Regel schriftlich zu beantragen. Übliche Auflagen sind:

- Vor Aufbau eines Verkaufsstandes muss der Platz gesäubert werden.

- Angebotene Lebensmittel müssen vor Staub, Schmutz und Husten geschützt werden.

- Der Verkaufsstand muss so gebaut sein, dass möglichst wenige Gerüche von ihm ausgehen.

- Es muss eine leicht erreichbare Toilettenanlage mit Waschgelegenheit vorhanden sein.

- Das Verkaufspersonal muss sauberere Schutzkleidung tragen.

- Eventuell sind Gesundheitsausweise mitzubringen.

- Am Verkaufsstand ist der Verantwortliche durch ein Schild kenntlich zu machen.

- Unmittelbar an der Ware sind Preisschilder aufzustellen.

- Lebensmittel müssen sachgemäß (Kühlanlage) aufbewahrt werden.

- Jugendschutzgesetz auslegen.

Dies sind nur einige beispielhafte aufgeführt Auflagen. Die speziellen Auflagen für Ihre Veranstaltung ergeben sich aus der Genehmigung und sollten, um Überraschungen zu vermeiden, rechtzeitig mit dem Ordnungsamt der Kommune abgestimmt werden.

30.4.5 Musikveranstaltungen

Bei Musikveranstaltungen im Freien und bei Musikveranstaltungen in geschlossenen Räumen, bei denen anderen größere Geräuschentwicklung zu erwarten ist, benötigen Sie eine Genehmigung Ihrer Kommune. Mit der Genehmigung kann die zeitliche Ausdehnung Ihrer Veranstaltung stark eingeschränkt werden. Erkundigen sich daher vorher, in welchem zeitlichen Rahmen Sie sich bewegen können.

30.4.6 Sperrzeiten

Sperrzeiten sind regional unterschiedlich geregelt. Wenn Sie davon ausgehen, dass Ihre Veranstaltung in die Sperrzeit hinein ausgedehnt werden wird, können Sie eine Verkürzung der Sperrzeit beim Ordnungsamt der Kommune beantragen.

30.4.7 Abfallbeseitigung

Achten Sie darauf, dass die Teilnehmer Ihrer Veranstaltung ausreichend Möglichkeit haben, Müll zu entsorgen. Die erforderlichen Behältnisse können Sie bei der zuständigen Stelle (Ordnungsamt) bestellen. Besprechen Sie dort auch, welche Anzahl an Müllbehältern erforderlich ist. Auch ist zu klären, wann in die Behälter geliefert werden (Wochenende) und wann diese wieder abgeholt werden. Sollten nach Ihrer Veranstaltung Verunreinigungen von der Kommune beseitigt werden müssen, kann dies zu erheblichen Kosten führen.

30.5 Veranstaltungen mit Bewirtung

30.5.1 Genehmigungen

Wenn Sie die Gäste Ihre Veranstaltungen mit Speisen und Getränken bewirten wollen, benötigen eine Sie dazu die Genehmigung der zuständigen Behörden. Üblicherweise ist dies das Ordnungsamt Ihrer Kommune. Die Genehmigung ist in der Regel schriftlich zu beantragen und wird mit Auflagen versehen werden, die Sie genauestens beachten sollten.

30.5.2 Hygiene

Der Verkauf von leicht verderblichen Lebensmitteln z. B. Hackfleischerzeugnissen, Tatar, rohen Bratwürsten ist üblicherweise an besondere Bedingungen geknüpft. Lassen Sie sich vom Ordnungsamt eine Merkblatt mit Auszügen aus der Lebensmittelhygiene - Verordnung zusenden.

30.5.3 Wareneinkauf

Erfahrungsgemäß ist nicht der Preis das entscheidende Kriterium für ein finanziell gelungenes Fest. Wichtig ist, dass überschüssige Waren vom Verkäufer zurückgenommen werden und dass sich dieser verpflichtet, bei außer planmäßiger Nachfrage auch abends oder am Sonntag für ergänzende Lieferungen bereit zu stehen.

30.5.4 Materialien

Denken Sie daran, Tischdecken, Servietten, Geschirr usw. zu besorgen. Viele Behörden schreiben vor, aus Gründen des Umweltschutzes und der Abfallvermeidung kein Wegwerfgeschirr, sondern wieder verwendbares Geschirr zu verwenden. Soweit Sie Materialien eines Gastwirtes eines kommunalen Bürgerhauses verwenden, machen Sie jeweils vor bzw. nach der Veranstaltung eine Bestandsaufnahme.

30.5.5 Räumlichkeiten

Wenn Sie die Räumlichkeiten nicht kennen, sollten Sie diese unter Zuhilfenahme einer Checkliste vorher begutachten. Falls Sie Bedenken haben, fotografieren Sie die Räumlichkeiten vor der Veranstaltung, um später nicht für vermeintliche Schäden in Anspruch genommen zu werden, die von Ihnen oder Ihren Gästen nicht verursacht wurden.

30.5.6 Preise

Legen Sie die Preise für die von Ihnen zu verkaufenden Getränke und Speisen nach dem allgemeinen Preisniveau fest. Dabei erwarten die Besucher eines Vereinsfestes in der Regel einen mindestens leichten Preisvorteil gegenüber der Gastronomie. Dies ist dann eher nicht erforderlich, wenn Sie einen Teil der Einnahmen als zweckgebunden für gemeinnützige Aufgaben öffentlich verbindlich festlegen.

30.5.7 Helfer

Für die Helfer ist ein Dienstplan aufzustellen. Denken Sie daran, dass diese Arbeit für die Helfer häufig ungewohnt ist. Bewährt hat es sich, wenn möglich jede Funktion doppelt zu besetzen, sodass auf eine Stunde Arbeit eine Stunde Pause folgen kann.

Wenn das Team sich gut ergänzt, können beim großen Andrang beide Personen arbeiten. Dabei sollte man die Tätigkeit im Service nicht unterschätzen. Bei größeren Festen steigt erfahrungsgemäß der Umsatz deutlich, wenn professionelle Kellner eingesetzt werden.

Im Theken- und Küchendienst ist dagegen auch mit ehrenamtlichen Kräften gut zu arbeiten. Denken Sie auch daran, gesonderte Preise für Getränke und Speisen für die ehrenamtlichen Helfer festzulegen. Die Motivation der Helfer steigt, wenn Sie einige Tage nach der Veranstaltung für die Helfer einen Grillabend oder Ähnliches organisieren.

30.6 Gästebetreuung

Wenn Sie Gäste einladen, sollten diese von eigens dafür vorgesehenen Personen betreut werden. Das muss nicht immer der Vorstand sein, aber jeder Gast sollte wissen, an wen er sich bei einer Frage oder einem Wunsch (Telefon, Taxi) wenden kann. Gäste aus der Politik und Sponsoren erwarten, dass sie bei der Begrüßung erwähnt werden.

Kommen die Gäste von außerhalb, sollte vorher abgefragt werden, ob Sie eine Übernachtungsmöglichkeit organisieren müssen. Dabei ist auch zu klären, wie die Gäste vom Hotel zum Veranstaltungsort und wieder zurückkommen. Eine kleine Informationsbroschüre über Ihren Ort erleichtert den Gästen dabei die Orientierung.

Für besondere Gäste (Referenten, Ehrengäste) halten Sie ein Gastgeschenk bereit. Das Gastgeschenk sollte sich dadurch auszeichnen, dass es leicht zu transportieren ist, einen Bezug zu der Veranstaltung hat und nicht mit einem Werbeaufdruck versehen ist, damit der Gast es eventuell der Gattin oder den Kindern weiter schenken kann ☺ .

30.7 Sicherheitsfragen

30.7.1 Versicherungen

Es ist unerlässlich, bei einer Veranstaltung einer Veranstaltungshaftpflicht abzuschließen. Das Risiko möglicher Schäden ist einfach nicht abzuschätzen. Schadensersatzforderungen können sowohl Ihren Verein als auch Sie persönlich in erheblichem Maße treffen.

30.7.2 Brandschutzmaßnahmen

Versichern Sie sich bei den Vermietern der vorgesehenen Räumlichkeiten, ob diese vom Brandschutz abgenommen wurden. Lassen Sie sich einen eventuellen Beleg zeigen und kopieren Sie in dieser für Ihre Akten. Denn Sie als Veranstalter sind für die Einhaltung der Brandschutzmaßnahmen verantwortlich.

Sind Sie und nicht ein Vermieter für die Räumlichkeiten verantwortlich, nehmen Sie rechtzeitig Kontakt zum Brandschutz auf. Dieses immer dann unerlässlich, wenn im Falle eines Brandes eine größere Anzahl Menschen gefährdet werden könnte. Der Brandschutz wird entscheiden, ob eine Besichtigung des Veranstaltungsortes erforderlich ist und ob Feuerwehrpersonal für die Zeit der Veranstaltung vor Ort sein muss.

Eine Meldepflicht besteht zum Beispiel i. d. R. zumindest für folgende Veranstaltungen:

- Veranstaltungen in Veranstaltungsräumen mit einer größeren Anzahl von Personen.

- Theater oder Musik Vorführungen mit einer Spielfläche von mehr als 100 Quadratmetern.

- Vorführungen mit Fahrzeugen mit Verbrennungsmotor innerhalb geschlossener Räume.

- Arbeiten, die mit besonderer Brand- oder Explosionsgefahr verbunden sind.

- Ausstellungen in Räumen mit großer Ausdehnung oder mit erheblicher Brandgefahr.

Bei der Besichtigung durch den Brandschutz werden unter anderen folgende Punkte geprüft werden:

- Ist der genehmigte Plan eingehalten?

- Wurde ein Brandsicherheitsdienst zur Auflage gemacht?

- Ist die Sicherheits- bzw. Notbeleuchtung funktionsfähig?

- Sind die Dekorationen mindestens schwer entflammbar?

- Sind die Feuermeldeeinrichtungen gut sichtbar und frei zugänglich?

- Ist die Fluchtwegebeschilderung in Ordnung?

- Sind die Notausgangstüren frei zugänglich?

- Sind die Flucht und Rettungswege frei?

- Stehen Wachskerzen auf nicht brennbare Unterlagen?

- Sind Wärmegeräte auf Steinunterlage standsicher aufgebaut?

- Entspricht die Heizungsanlage der Feuerungsverordnung?

Die Kosten für die Brandverhütung als auch für den Brandsicherheitsdienst trägt der Veranstalter. Die Gebühren sind regional unterschiedlich und beim Ordnungsamt der Stadt zu erfragen.

30.7.3 Sanitätsdienst

Es wirkt professioneller, wenn Sie eine Sanitätsorganisation mit der Betreuung der Veranstaltung beauftragen und diese gut sichtbar im Veranstaltungsbereich platziert wird. Sie werden überrascht sein, wie viele Gäste diesen Sanitätsdienst auch mit kleinen Wehwehchen dankbar in Anspruch nehmen.

Sie sollten den Sanitätsdienst rechtzeitig verpflichten. Die Kosten sind von Organisation zu Organisation unterschiedlich, sodass man vorher durchaus nach den Preisen fragen sollte. Die Helfer der Sanitätsdienste arbeiten in der Regel ehrenamtlich. Diese erwarten daher zu Recht, dass Sie in angemessener Weise mit Speisen und Getränken versorgt werden.

30.7.4 Polizei

Die Toleranz der Menschen auch gegenüber Vereinsveranstaltungen nimmt ab. Sie müssen daher mit Beschwerden rechnen. Es empfiehlt sich, die Polizei von Ihrer Veranstaltung rechtzeitig zu informieren. Die Beamten können dann auf Beschwerden eingehen und müssen nicht erst mit einem Einsatz den Grund erkunden. Auch bei nie auszuschließenden Störungen durch Randalierer kann die Polizei besser reagieren, wenn sie über Art und Umfang der Veranstaltung informiert ist. Die Information sollte schriftlich etwa 14 Tage vor der Veranstaltung erfolgen.

30.8 Anwohner

Die Toleranz der Anwohner gegenüber Ihrer Feier steigt erfahrungsgemäß, wenn sie diese rechtzeitig, etwa eine Woche vorher, informieren. Die Toleranzwerte werden weiter gesteigert, wenn sie die Anwohner zu ihrer Veranstaltung schriftlich einladen und erreichen Höchstwerte, wenn Sie Ihrer Einladung auch noch einen Getränkegutschein beifügen.

31 Index

Printed in Poland
by Amazon Fulfillment
Poland Sp. z o.o., Wrocław

65390550R00136